I0531389

BUDSKABET
fra
KORSET

Dr. Jaerock Lee

URIM
BOOKS

BUDSKABET FRA KORSET af Dr. Jaerock Lee
Udgivet af Urim Books (Repræsentant: Kyungtae Noh)
73, Yeouidaebang-ro 22-gil, Dongjak-gu, Seoul, Korea
www.urimbooks.com

Alle rettigheder er reserveret. Denne bog eller dele heraf må ikke reproduceres, lagres eller transmitteres på nogen måde, hverken elektronisk, mekanisk, som kopi eller båndoptagelse uden skriftlig tilladelse fra udgiveren.

Medmindre andet angives er alle citater fra Bibelen, Det Danske Bibelselskab. Autoriseret oversættelse af 1992.

Copyright © 2012 ved Dr. Jaerock Lee
ISBN: 978-89-7557-546-4
Oversættelses Copyright © 2009 ved Dr. Esther K. Chung. Brugt med tilladelse.

Tidligere udgivet på koreansk af Urim Books i 2002

Første gang udgivet i marts 2012

Redigeret af Dr. Geumsun Vin
Oversat af Marianne Povelsen
Design: Redaktionsbureauet ved Urim Books
Tryk: Yewon Printing Company
For yderligere information, kontakt venligst urimbook@hotmail.com

FORORD

Med ønsket om, at I må forstå Guds hjerte og hans store plan i kærlighed, samt lægge et fast fundament i jeres tro.

Budskabet fra Korset har ledt utallige mennesker mod frelsen siden 1986, og har demonstreret Helligåndens uendelige arbejder gennem mange oversøiske kampagner. Endelig har Gud Fader velsignet mig til at udgive dette budskab. Jeg giver ham al tak og ære!

Mange mennesker siger, at de tror på Gud Skaberen og kender hans søns Jesu Kristi kærlighed, men er ikke i stand til at prædike budskabet med sikkerhed. Rent faktisk er der kun få kristne, som forstår Guds hjerte og forsyn. Desuden er der nogle kristne, som er adskilt fra Gud, fordi de hverken har modtaget klare svar på mange af de spørgsmål, som vises i Bibelen, eller forstået det forunderlige forsyn ved Guds kærlighed.

Hvad ville du for eksempel sige, hvis du blev stillet de følgende tre spørgsmål: "Hvorfor plantede Gud kundskabens træ og lod mennesket spise fra det?"; "Hvorfor skabte Gud helvede, når han ofrede sin søn Jesus Kristus for synderne?" og

"Hvorfor er Jesus den *eneste* frelser?"

Jeg var ikke i stand til at forstå det dybe forsyn ved Guds kreation og hans hemmelige forsyn skjult i korset gennem de første mange år af mit kristne liv. Efter at jeg blev kaldet som prædikant af evangeliet, begyndte jeg at spørge mig selv: "Hvordan kan jeg lede utallige mennesker mod frelsen og lovprisning af Gud?" Det gik op for mig, at jeg skulle forstå alle Bibelens ord gennem Guds fortolkning, inklusiv de passager, som er svære at få greb om, og prædike dem over hele verden. Jeg fastede så ofte, som jeg kunne, og bad for dette. Der gik syv år, før Gud begyndte at åbenbare fortolkningerne.

I 1985 blev jeg fyldt med Helligånden, mens jeg bad inderligt. Den begyndte at fortolke Guds hemmelige forsyn, som havde været skjult. Det var "Budskabet fra korset". Jeg prædikede det hver søndag morgen gennem 21 uger. Båndoptagelserne af "Budskabet fra korset" har haft indflydelse på utallige mennesker både inden- og udenfor landets grænser. Når som helst "Budskabet fra korset" blev prædiket, arbejdede Helligånden som flammende ild. Mange mennesker angrede deres synder og blev helbredt for deres sygdomme og lidelser. De kastede tvivlen om Guds forsyn bort, og opnåede oprigtig tro og evigt liv. Indtil da kendte de ikke fuldt ud Gud og hans dybe kærlighed. De begyndte at forstå Guds plan, møde ham og have håb om det evige liv gennem dette budskab.

Hvis du klart forstår, hvorfor Gud placerede kundskabens træ i paradisets have, forstår du hans forsyn for den menneskelige kultur og kan elske Gud mere oprigtigt. Desuden vil du ved at forstå det egentlige formål med dit liv være i stand til at kæmpe mod synderne til blodet springer, gøre dit bedste for at efterligne Jesu Kristi hjerte og være tro mod Gud indtil døden.

Budskabet fra Korset vil vise dig Guds hemmelige forsyn i korset, og hjælpe dig med at lægge et fast fundament for et sandt og godt kristent liv. Derfor vil enhver, som læser denne bog, være i stand til at forstå Guds dybe forsyn og kærlighed, have sand tro, samt etablere og føre et kristent liv, som behager Guds øjne.

Jeg takker fuldt ud direktøren og personalet for det forlag, som har gjort alt arbejdet med udgivelsen af dette værk. Jeg takker også oversættelsesbureauet. Må utallige mennesker forstå Guds dybe forsyn, møde kærlighedens Gud og blive frelst som sande børn af Gud - alt dette beder jeg for i Herren Jesu Kristi navn!

Jaerock Lee

INDLEDNING

Budskabet fra Korset er Guds visdom og kraft, og en kraftfuld besked, som enhver kristen overalt på jorden må tage godt imod.

Jeg takker og ærer Gud Fader, som har ledt os til at publicere *Budskabet fra Korset*. Mange medlemmer af Manmin rundt om i verden har set frem til denne udgivelse. Denne bog giver klare svar på mange af de spørgsmål som kristne stiller sig: "Hvad var Gud Skaberen før begyndelsen?"; "Hvorfor skabte Gud mennesket og lod det leve på jorden?"; "Hvorfor placerede Gud kundskabens træ i paradisets have?"; "Hvorfor sendte Gud sin eneste søn som et udsonende offer?"; "Hvorfor planlagde Gud frelsens forsyn gennem et knortet trækors?" og mange andre spørgsmål.

Denne bog består af åndfulde budskaber prædiket af Dr. Jaerock Lee, og oplyser dig til at kende og forstå Guds dybe, brede og store kærlighed.

Kapitel 1, "Gud Skaberen og Bibelen", introducerer Gud og hvordan han arbejder omkring dig. Gennem dette kapitel vil du finde bevis for den levende Gud og indse Bibelens sandhedsværdi i lyset af menneskehedens historie. Desuden bevises det, at teorien om evolution er falsk, og at Guds skabelse er sand.

Kapitel 2, "Gud skaber og kultiverer mennesket" bevidner at Gud skabte alting i universet og dannede mennesket i sit billede. Desuden lærer dette kapitel dig den sande mening med menneskelivet og meningen med at mennesket vokser op som hans sande spirituelle børn.

Kapitel 3, "Kundskabens træ", leverer svaret på det fundamentale spørgsmål for alle kristne: Hvorfor gav Gud plads for kundskabens træ? Dette kapitel forklarer årsagen i detaljer og hjælper dig til at forstå Guds dybe kærlighed og forunderlige forsyn, som kultiverer mennesker på jorden.

Kapitel 4, "Den hemmelighed, som blev skjult før tidens begyndelse" forklarer forholdet mellem loven om genløsning af land og den spirituelle lov om menneskets frelse (Tredje Mosebog 25). Det forklarer også at alle mennesker måtte gå dødens vej på grund af deres synder, men at Gud forberedte den vidunderlige vej til deres frelse siden tidens begyndelse. Endelig lærer det dig, hvorfor Gud har skjult vejen til menneskets frelse indtil det tidspunkt, som han valgte, og hvordan Jesus er kvalificeret i forhold til betingelserne i loven om genløsning af land.

Kapitel 5, "Hvorfor er Jesus vores eneste frelser?", forklarer hvordan Guds plan for menneskets frelse, som har været skjult siden tidens begyndelse, blev gennemført gennem Jesus; årsagen til hans korsfæstelse; Guds børns velsignelser og rettigheder; betydningen af navnet "Jesus Kristus"; årsagen til at Gud ikke gav andre navne end Jesus Kristus under himmelen, hvorved mennesket kunne blive frelst og meget mere. Du vil føle Guds umådelige kærlighed, hvis du forstår den spirituelle implikation af det budskab, som skildres i dette kapitel.

Kapitel 6, "Korsets forsyn", oplyser dig om den dybere mening med Jesu lidelse. Hvorfor blev Jesus født i en dyrestald og lagt i en krybbe, hvis han virkelig var Guds søn? Hvorfor var han fattig hele sig liv? Hvorfor blev han pisket på hele kroppen, kronet med torne, og fik gennemsømmet hænder og fødder? Hvorfor led han af smerter så stærke, at han mistede blod og vand? Dette kapitel leverer præcise svar på disse spørgsmål og hjælper dig med at forstå den spirituelle implikation af hans lidelse. Alle slags lidelser og sygdomme samt problemer som fattigdom, familievanskeligheder, forretningsproblemer og så videre vil løses gennem din forståelse og tro på den spirituelle betydning af Jesu lidelse. Dette kapitel hjælper dig med at forstå Guds dybe kærlighed, afskaffe enhver form for ondt, og deltage i den guddommelige natur.

Kapitel 7, "De sidste syv udtalelser fra Jesus på korset", forklarer den spirituelle implikation af Jesu sidste 7 ord fra korset lige før han døde. Gennem de sidste 7 ord fra korset fuldførte han den mission, han havde modtaget fra sin fader Gud. Dette kapitel understreger, at du må forstå Jesu store kærlighed til menneskeheden, afvente hans genkomst og kæmpe den gode kamp til enden i håb om genopstandelse.

Kapitel 8, "Sand tro og evigt liv", fortæller dig, at vi kun bliver en med vores brudgom Jesus Kristus gennem sand tro. Bibelen advarer om, at der er nogen, som siger, at de tror på Frelseren Jesus Kristus, som ikke bliver frelst på dommedag. Bibelen lægger ikke kun vægt på at tage imod Jesus Kristus, men også på at spise Menneskesønnens legeme og drikke hans blod for at opnå evig frelse. Du kan have sand tro, som leder dig mod frelsen, når du spiser hans legeme og drikker hans blod. Dette kapitel lærer dig også om den sande tros natur, hvordan du opnår den, og hvad du bør gøre for at opnå den fulde frelse.

Kapitel 9, "At blive født af vand og ånd", nævner først dialogen mellem Jesus og Nikodemus. Denne udveksling inkluderer *Budskabet fra Korset*. Dit hjerte må fornyes kontinuerligt gennem vandet og Helligånden indtil Jesus Kristus vender tilbage, og du må holde din ånd, sjæl og krop lydefri til Herre Jesu Kristi genkomst, som er det tidspunkt, hvor Herren vil modtage dig som hans smukke brud.

Kapitel 10, "Hvad er kætteri?" dvæler ved kætteriets natur og diskuterer de negative og falske forståelser, som mange kristne har af det. I dag er der mange mennesker, som misforstår eller bebrejder Guds stærke arbejde for at være kætteri eller forkert, fordi de ikke kender den bibelske definition af kætteri. Dette kapitel advarer mod, at man bebrejder eller fordømmer Helligåndens arbejde som kætteri, og forklarer hvordan man kan skelne den sande Ånd fra fejlens ånd, og advarer om nogle kætterske sekter. Endelig understreger dette kapitel, at man skal våge og bede kontinuerligt samt dvæle i sandheden for ikke at blive ledt ind i fristelse af fejlens ånd.

Apostelen Paulus sagde om budskabet fra korset, Guds visdom i Første Korintherbrev 1:18: *"For vel er ordet om korset dårskab for dem, der fortabes, men for os, der frelses, er det Guds kraft."* Enhver kan få sand tro, møde den levende Gud og nyde et kristent liv fuldt ud, når han forstår den hemmelighed, som er skjult i korset og indset det dybe forsyn i Guds kærlighed til menneskeheden.

Budskabet fra Korset er den basale lærdom i dit liv. Derfor beder jeg i Herrens navn om, at du må lægge fundamentet til dit kristne liv og opnå den fulde frelse og evigt liv.

Geumsun Vin
Direktør for forlaget

INDHOLD

Kapitel 1

GUD SKABEREN OG BIBELEN

- Gud er Skaberen
- Jeg er den, jeg er
- Gud er alvidende og omnipotent
- Gud er Bibelens forfatter
- Hvert eneste ord i Bibelen er sandt

I begyndelsen skabte
Gud himlen og jorden.
Første Mosebog 1:1

Gud er Skaberen

I dag er der utallige bøger i verden, men ingen anden bog end Bibelen giver dig detaljerede og klare svar på spørgsmålene om oprindelsen og skabelsen af universet, og begyndelsen og afslutningen på menneskeheden.

Bibelen giver et klart svar på spørgsmålet om oprindelsen til universet og livet. I Første Mosebog 1:1 står der: *"I begyndelsen skabet Gud himlen og jorden."* og i Hebræerbrevet 11: 3 står der: *"I tro fatter vi, at verden blev skabt ved Guds ord, så det, vi ser, ikke er blevet til af noget synligt."*

Ikke alt synligt er blevet lavet af noget, som allerede eksisterede. Det blev skabt ud af ingenting på Guds bud.

Mennesket kan lave noget ud af noget andet, som allerede eksisterer, det vil sige transformere eller kombinerer materialer, der allerede eksisterer for at skabe noget, men kan ikke skabe noget ud af ingenting.

Det er utænkeligt, at mennesket skulle kunne skabe en levende organisme. Selv om vi har udviklet teknologien til at kunne lave kunstig intelligens (A.I.), computere eller klonede lam, så kan vi ikke engang skabe en amøbe ud af ingenting.

Derfor må mennesket udskille levende organismer fra ting, som er givet af Gud, og kombinerer dem på forskellige måder.

Du skal vide, at det ikke er andet end det.

Dermed skal du også vide, at kun Gud er i stand til at skabe noget ud af intet. Kun Gud Skaberen skabte universet på sit bud, og kontrollere hele universet, verdenshistorien, livet og døden, og menneskehedens velsignelser og forbandelser.

Bevis, som får dig til at tro på Gud Skaberen

Alting—et hus, et bord eller selv en negl—er blevet udformet af nogen. Det er derfor indlysende, at dette enorme univers må være udformet af nogen. Der må være en ejer, som skabte det og som vogter det. Dette er Gud Skaberen, som Bibelen gentagne gange fortæller om.

Når du ser omkring dig, er der rigelige beviser for skabelsen. Et nemt eksempel vil være at tænke på det enorme antal af mennesker i verden. Uanset race, alder, køn, social status og så videre, har alle to øjne, to ører, en næse med to næsebor og en mund.

Selv om dyrene afviger lidt alt efter deres art, så har de samme ansigtsstruktur. For eksempel har en elefant en lang næse (snabel), men den sidder i centrum af ansigtet over munden. Den sidder ikke over øjnene, under munden, eller på toppen af hovedet. Hver elefant har to næsebor, to øjne, to ører og en mund. Alle fuglene i luften og alle fisk i havet eller i floderne har den samme struktur.

Ikke alene har alle dyrene den samme ansigtsstruktur, men hvert pattedyrs fordøjelses- og reproduktionssystem er også identiske. På samme måde indtager de mad med munden og det, som kommer ind i munden fortsætter ind i maven og kommer ud af kroppen. Alle pattedyr parrer sig med det modsatte køn og føder deres unger.

Når du ser på disse åbenlyse faktorer, kan du ikke på nogen mulig måde sige, at det er et tilfælde eller at beviset for evolutionen står skrevet i "Arternes Oprindelse". Intet af dette kan forklares med evolutionsteorien.

Det faktum, at både mennesket og dyrene har samme organiske struktur, er derfor tilstrækkeligt bevis for at alt blev skabt og udformet af Gud Skaberen. Hvis Gud ikke var den eneste Gud, men en blandt mange Guder, ville skabningerne have forskellige antal organer og forskellig kropslig struktur og position.

Hvis du ser nærmere på naturen og universet, vil du desuden finde mere bevis for skabelsen. Hvor er det vidunderligt at alle tingene i solsystemet såsom jordens omløb og rotation fungerer uden den mindste fejl!

Se på uret på dit håndled. Det består af en hel del fint udarbejdede dele. Det vil ikke være i stand til at fungere, hvis den mindste del mangler. Sådan er universet udformet til at fungere under Guds forsyn.

For eksempel kan hverken mennesket eller nogen anden livsform eksistere uden månen, der bevæger sig om jorden. Månen kunne ikke være placeret lidt længere eller lidt tættere på jorden end der, hvor den er. Gud placerede den i den rette afstand, sådan at mennesket kan leve på jorden.

På grund af månens nuværende position skaber dens

tyngdekraft havets flod og ebbe. Det bevirker, at havet bliver bevæget og renset. På samme måde er alle ting i universet dannet for at bevæge sig præcist i forhold til Guds forsyn.

Hvorfor er der nogen, som ikke tror på Gud Skaberen?

Nogle mennesker tror på Gud Skaberen og lever i overensstemmelse med hans ord. Hvorfor tror mennesker, som kan tænke og som søger svar på alt i videnskaben, ikke på Gud Skaberen?

Hvis du har lært, at Gud lever og er den almægtige Skaber fra troende kristne siden barndommen, vil det ikke være svært at tro på Gud Skaberen.

Men i dag er der mange, som er blevet påvirket af evolutionismen siden ungdommen, og der er megen "viden", som ikke nødvendigvis er sand. Mange omgås også mennesker, som ikke tror på Gud eller som tvivler.

Efter at have levet i dette miljø, vil du ofte tvivle og komme i konflikt med dig selv, og være ude af stand til at tro på Gud Skaberen, selv om du går i kirke og hører Guds ord, for din tidligere viden modsiger det, du lærer og hører i kirken.

Så længe du ikke skiller dig af med tanker og viden, som du har lært i verden, vil du ikke få spirituel tro—Gudgiven tro, som er langt fra enhver tvivl—selv om du regelmæssigt går i kirke.

Du kan ikke tro på det himmelske rige eller helvede uden spirituel tro. Du anser den synlige verden for at være den eneste verden, og lever på din egen måde.

Hvor mange gange ser man, at teorier, som er blevet anerkendt og accepteret på et tidspunkt, senere er blevet ændret eller erstattet af nye teorier? Selv hvis det ikke er tilfældet her, er det sandt at konventionelle teorier og påstande kontinuerligt er blevet revideret eller suppleret af nye fakta, som er blevet fundet senere.

Som tiden går og videnskaben gør fremskridt, kan folk danne bedre forklaringer og teorier, selv om de ikke er perfekte. Jeg vil ikke sige, at den forskning, der foregår, alt sammen er forkert. Men der er stadig mange ting på jorden, som ikke kan forklares med menneskelig kapacitet, så man må anerkende dette faktum.

Når det for eksempel drejer sig om universet, har du aldrig været i den anden ende af det i forhold til jorden, og du kan heller ikke gå tilbage til forhistorien. Ikke desto mindre forsøger folk at forklare universet ved at opstille hypoteser og teorier.

Før mennesket tog til månen, tænkte vi: "Der må være nogle levende organismer der oppe eller i det mindste et andet sted i solsystemet udover på jorden." Men efter at mennesket havde været på månen, sagde vi: "Der var ikke nogen levende organismer der." Nu om stunder siger videnskabsfolkene: "Der er sandsynlighed for, at der er levende organismer på Mars" eller "Der er spor af vand på den røde planet."

Selv om du har forsket længe og øget din viden, vil du i sidste ende møde den menneskelige begrænsning, hvis du ikke kender Gud Skaberens vilje, forsyn og kraft.

Derfor står der i Romerbrevet 1:20: *"For hans usynlige væsen, både hans evige kraft og hans guddommelighed, har kunnet ses siden verdens skabelse og kendes på hans*

gerninger. De har altså ingen undskyldning. "
Hvem som helst, som åbner sit hjerte og mediterer, kan mærke Guds kraft og hans guddommelige natur gennem skabninger som solen, månen og stjernerne - objekter gennem hvilke Gud tillader dig at erkende hans eksistens og tro på ham.

Jeg er den, jeg er

Når folk hører om Gud Skaberen, kan de undre sig om tænke: "Hvordan eksisterede han først?", "Hvor kom han fra?" eller "Hvordan åbenbarede han sig?"

Menneskets viden og tænkning kan ikke bevæge sig ud over en vis grænse, som angiver, at der bør være en begyndelse og en ende på alle væsener. Derfor kræver vi klare svar på sådanne spørgsmål. Ikke desto mindre eksisterer Gud hinsides den menneskelige forståelse, så han er den der "var", "er" og "kommer".

Anden Mosebog 3 skildre en scene, hvor Gud befaler Moses at føre israelitterne ind i Kanaans land. Moses spørger derefter Gud, hvordan han skal svarer israelitterne, hvis de spørger han om Guds navn.

Og her svarer Gud Moses: *"Jeg er den, jeg er"*, og befaler ham at sige til israelitterne: *"Jeg Er har sendt mig til jer."* (Anden Mosebog 3:14).

"Jeg Er" er den frase, som Gud bruger til at henvise til sig selv personligt, og betyder, at ingen fødte ham eller skabte ham, men han er det perfekte væsen, Skaberen selv.

Gud var lys med stemme i begyndelsen

I Johannesevangeliet 1:1 står der: "I begyndelsen var Ordet, og Ordet var hos Gud, og Ordet var Gud." På denne måde var Gud Ordet i begyndelsen og var et væren, som havde eksisteret alene uden at være blevet skabt. Hvordan og hvor eksisterede han? Gud er ånd, så han havde eksisteret i ordets form i den fjerde dimension, den spirituelle verden, ikke i den tredje dimension, som er den synlige. Gud eksisterede ikke i nogen form, men som et dybt og smukt lys med ren og klar stemme, og han regerede over hele universet.

I Første Johannesbrev 1:5 står der: *"Og dette er det budskab, som vi har hørt af ham og bringer videre til jer: Gud er lys, og der er intet mørke i ham."* Det har en spirituel betydning og er et udtryk for et karakteristika ved Gud, som var lys i begyndelsen.

I begyndelsen eksisterede Gud som lys med en stemme. Hans stemme er ren, sød og blød, og lyder over hele universet. De, som har hørt Guds stemme personligt, vil kunne forstå dette.

Gud Skaberen havde eksisteret før tidens begyndelse, havde planlagt at fremelske sine sande børn, og fulgte sin plan. Hvis du fuldt ud vil forstå Gud Jeg Er, må du derfor nedbryde dine tænkemåder, teorier og stereotyper, og acceptere skabelsens værk fra Gud.

Ulig de ting, som er skabt af Gud, har de ting, som er skabt af mennesket, deres begrænsninger og fejl. Da menneskets viden og civilisation hele tiden skrider frem, fremstilles bedre produkter, men de har stadig mange begrænsninger. Nogle laver gudebilleder af guld, sølv, bronze og metal, og kalder dem guder, som de bukker sig for og beder om velsignelser. De er bare figurer af træ, metal eller sten, som hverken kan trække vejret, tale eller blinke med øjnene (Habakkuks Bog 2: 18-19).

Selv om folk hævder at være intelligente, kan de rent faktisk ikke skelne mellem sandhed og løgn, men laver derimod figurer og kalder dem guder, som de tilbeder (Første Romerbrev 1:22-25). Hvor er dette tåbeligt og skamfuldt!

Hvis mennesker har tilbedt og tjent indholdsløse guder, fordi de ikke kendte til Gud, så bør de angre det, tilbede Gud Jeg Er, og udføre deres pligter som hans børn.

Gud er alvidende og omnipotent

Gud Skaberen som skabte hele universet er det perfekte væsen, som eksisterede før tidens begyndelse, og han er alvidende og omnipotent. Bibelen angiver adskillige mirakler og undere, som ikke kan udføres med menneskets viden og kraft. Disse kraftfulde værker ved den alvidende og omnipotente Gud, som er den samme i går og i dag, fandt sted under tiden for det Nye Testamente samt for det Gamle Testamente gennem de mange mennesker, som Gud havde i sin magt.

Det skyldes som Jesus siger i Johannesevangeliet 4:48: *"Hvis I ikke få tegn og undere at se, tror I ikke"*: Folk tror ikke, medmindre de ser den almægtige Guds værker.

Gud viser vidunderlige mirakler og tegn

Anden Mosebog beskriver i detaljer at den alvidende og omnipotente Gud udførte vidunderlige mirakler og tegn gennem Moses, da han førte israelitterne ud af Egypten og ind i Kanaans land.

For eksempel nedbragte Gud ti plager over faraoen, kongen over Egypten, da han sendte Moses til ham, og han lod israelitterne gå på den tørre havbund ved at skille vandene i det røde hav, men lod den rædselsslagne egyptiske hær blive opslugt af den brusende strøm.

Selv efter flugten fra Egypten kom der vand ud af en klippe, da Moses slog på den med en stav, bittert vand forandrede sig til sødt vand, og mannaen kom ned fra himmelen, sådan at millioner af mennesker kunne leve uden at bekymre sig om mad.

Senere i det gamle testamente ser vi, at Gud giver Elijas evnen til at profetere tre et halvt års tørke, få det til at regne ved hjælp af bøn, og vække de døde til live.

I det nye testamente ser vi Jesus, Gud søn, som genopliver Lazarus, der har været dø i fire dage, åbner de blindes øjne, og helbreder mange mennesker med forskellige sygdomme, lidelser og onde ånder. Han gik på vandet, og beroligede vinden og bølgerne.

Gud udrettede usædvanlige mirakler ved Paulus' hænder, sådan at når tørklæder eller bælter blev bragt fra hans krop til de syge, forlod sygdommene dem, og de onde ånder forsvandt (Apostlenes Gerninger 19:11-12). Adskillige tegn fulgte Peter, som var en af Jesu bedste disciple. Folk bragte de syge ud på gaderne og lagde dem på senge og bårer, sådan at i det mindste Peters skygge ville falde på dem, når han gik forbi (Apostlenes Gerninger 5:15). Desuden udrettede Gud undere og vidste tegn gennem Stefan og Filip i Bibelen, og han viser dem fortsat gennem vores kirke i dag.

Mange uhelbredelige sygdomme så som kræft, svindsot, leukæmi og AIDS er blevet helbredt. De døde er blevet genoplivet og de lamme er begyndt af stå, gå og løbe. Desuden viser Gud større tegn og undere, usædvanlige mirakler og bemærkelsesværdige ting: Gennem bøn over telefonen eller med et lommetørklæde, som jeg har bedt over, er mange syge mennesker blevet helbredt, ødelagte maskiner er blevet repareret og hjertets ønsker er blevet opfyldt.

Derfor kan hvem som helst, som tror på den almægtige Gud og beder i overensstemmelse med hans vilje, få svar på hvad som helst han beder om i sin bøn.

Gud er Bibelens forfatter

Gud er ånd, så han er usynligt, men har altid vist sig på mange måder. Gud åbenbarer som regel sig selv gennem naturen, og specielt i vidnesbyrdene fra de mennesker, som bliver helbredt og får svar fra ham. Han åbenbarer sig også detaljeret i Bibelen.

Du kan derfor kende den eneste sande Gud gennem Bibelen, møde ham og opnå frelse og evigt liv, ved at realisere Guds værk. Desuden kan du få et succesfuldt liv og lovprise Gud ved at forstå hans hjerte, og ved at indse, hvordan du kan elske ham og blive elsket af ham (Andet Timotheusbrev 3:15-17).

Skriften er inspireret af Gud

I Andet Petersbrev 1:21 står der: *"For ingen profeti har nogen sinde lydt i kraft af en menneskes vilje, men drevet af Helligånden har mennesker sagt det, der kom fra Gud."* og i Andet Timotheusbrev 3:16 står der: *"Ethvert skrift er indblæst af Gud."* Dette betyder, at Bibelen fra Første Mosebog til Johannesåbenbaringen er Guds ord, som er blevet nedskrevet ved Guds vilje.

Derfor er der mange fraser såsom "Gud siger", "Herren siger" og "Gud Herren siger". Disse bekræfter at Bibelen ikke er menneskets ord, men Guds. Bibelen har 66 bøger, hvoraf der er 39 i det Gamle Testamente og 27 i det Nye Testamente. Antallet af forfattere er vurderet til at være 34. Bibelen er skrevet i perioden fra 1500 før Kristus til år 100 A.D., i alt 1600 år. Det er forunderligt, at selv om der har været så mange forskellige forfattere, så er Bibelen som helhed fuldstændig sammenhængende fra start til slut, og hvert vers er i overensstemmelse med andre vers.

Så i Esajas' Bog 34:16 står der: *"Søg i Herrens bog, og læs, ikke en eneste af dem mangler, ingen som helst skal savnes. Det har hans mund befalet, hans ånd har samlet dem sammen."*

Det har kunnet finde sted, fordi den oprindelige forfatter til Bibelen er Gud, for Helligånden styrede forfatternes hjerter og samlede ordene sammen. Det, man må huske er, at Bibelens forfattere er famtomforfattere, som skrev for Gud, og Bibelens oprindelige forfatter er Gud.

Lad os tage et eksempel. Lad os sige, at der er en ældre moder, som lever på landet. Hun sender breve til sin yngste søn, som studerer i byen. Hun er analfabet, så hun fortæller sit budskab til sin ældste søn. Når den yngste søn i byen modtager brevet, vil han synes, at der er hans moder, der har sendt ham et brev, ikke at det er hans storebror, selv om brevet rent faktisk er skrevet af broderen. Det er det samme med Bibelen.

Guds kærlighedsbrev fuldt af velsignelser og løfter

Bibelen blev nedfældet af åndfulde tjenere for Gud, for at åbenbare Gud selv. Du må tro på, at det er den trofaste Guds ord, hvormed han åbenbarer sig. Guds ord er ånd og liv (Johannesevangeliet 6:63), så enhver, der hører og tror det, vil opnå et evigt liv, hvor hans sjæl modtager en overflod af liv. Enhver der tror og adlyder Guds ord, vil kunne nyde et liv i fremgang, og vil efterligne Jesus Kristus og dermed være et perfekt mennesker for Gud.

Gud kom til denne jord iklædt kød for at vise sig for menneskeheden, og dette kød var Jesus. Filip, som var Jesu discipel, var uvidende om dette og krævede, at Jesus skulle vise ham Gud. Han havde ikke indset, at Jesus var inkarnationen af Gud, og opfyldte dermed det ordsprog, som siger, at fyrtårnet ikke lyser på sit eget fundament.

Johannesevangeliet 14:8 og de følgende vers introducerer dialogen mellem Filip og Jesus: *"Filip sagde til ham: 'Herre, vis os Faderen, og det er nok for os.' Jesus sagde til ham: 'Så lang tid har jeg været hos jer, og du kender mig ikke, Filip? Den, der har set mig, har set Faderen; hvordan kan du så sige: Vis os Faderen? Tror du ikke, at jeg er i Faderen, og at Faderen er i mig: De ord, jeg siger til jer, taler jeg ikke af mig selv; men Faderen som bliver i mig, gør sine gerninger.'"* (Johannesevangeliet 14: 8-10).

Selv om Jesus gav overbevisende belæg for, at han og Gud er én ved at udføre mirakler, som ikke ville have været mulige uden Guds kraft, ønskede Filip at Jesus skulle vise ham Faderen. Jesus sagde til ham, at han skulle tro på hans lære samt det bevis, der blev givet af miraklerne i sig selv.

Gud kom til jorden iklædt kød for at åbenbare sig, og Gud fik Bibelen skrevet, fordi det normalt er umuligt for folk at se ham med menneskelige øjne.

Således kan du få de velsignelser og svar, som Gud lover i Bibelen, når du får et dyrebart fællesskab med den levende Gud gennem Bibelen, kender hans vilje og forsyn, og tager hans ord i agt.

Hvert eneste ord i Bibelen er sandt

Historiske optegnelser lader os få kendskab til personer eller hændelser på et specifikt tidspunkt i fortiden. Historien er en redegørelse for ændringer i tiden, og den lader dig få detaljeret kendskab til ting, mennesker, eller livsbetingelserne på et bestemt tidspunkt.

Menneskehedens historie har bevist, at Bibelen er sand. Du vil finde, at Bibelen er historisk og realistisk, særligt når du ser nærmere på de hændelser, mennesker, steder eller sædvaner, som er optegnet i Bibelen.

Siden det Gamle Testamente er blevet overleveret baseret på objektive fakta såsom væsentlige og mere trivielle informationer, som har fundet sted for individer, folkeslag eller grupper fra Adam og Evas tid, har Israel betragtet det Gamle Testamente som et helligt og historisk dokument for deres nation og arv indtil i dag. Selv mange historikere anerkender Bibelen som en pålidelig kilde.

Historien beviser Bibelens sandfærdighed

Først og fremmest vil jeg gerne dele Israels historie med dig baseret på Bibelen, og vise at Guds ord i Bibelen er sandt.

Adam, forfaderen til menneskeheden, syndede mod Gud, så hans efterfølgere, som er alle mennesker derefter, har derfor gået syndens vej og har levet uden at kende Gud, deres skaber. Men så valgte Gud en nation og forsøgte at åbenbarer sin vilje og sit forsyn gennem den.

Først kaldte Gud Abraham, som havde det bedste "hjerterum", raffinerede ham og etablerede ham som troens fader. Abraham var far til Isak, Isak fader til Jakob og Gud kaldte Jakob "Israel" og dannede tolv stammer ud af hans tolv sønner.

Mens Jakob levede, flyttede Gud ham til Egypten, og gjorde ham i stand til at danne en nation ved at øge antallet af hans efterkommere, og til sidst ledte han dem til Kanaans land. Gud gav Moses loven under hans ophold i ødemarken, trænede israelitterne til at leve i overensstemmelse med hans ord, og ledte dem med ordet.

Efter at de blev ført til Kanaans land, fik de kun medgang, når de adlød loven. Da Israel tjente gudebilleder og begik ondt, svækkedes dets nationale kraft, og landet led under fremmede invasioner. Israelitterne blev fængslet eller benyttet som slaver. Da de angrede, blev nationen genoprettet. Denne cyklus blev gentaget igen og igen.

Sådan viser Gud gennem Israels historie alle mennesker, at Gud lever og at han regerer alt med sit ord.

Man kan også se, at profetierne i Bibelen er blevet opfyldt eller er ved at blive opfyldt. For eksempel henviser Jesus til Jerusalems fald i Lukasevangeliet 19:43-44 med ordene:

For der skal komme dage over dig, da dine fjender skal kaste en vold op omkring dig, belejre dig og trænge ind på dig fra alle sider. De skal jævne dig med jorden og dine børn sammen med dig, og de skal ikke lade sten på sten tilbage i dig, fordi du ikke kendte din besøgelsestid.

Med disse vers siger Jesus, at Jerusalem by vil blive ødelagt på grund af den stigende ondskab. Profetien blev opfyldt i 70 e.Kr., da general Titus fra det romerske emperium fik sine mænd til at bygge en vold omkring Jerusalem, omringe den, og dræbe mange mennesker indenfor muren. Dette fandt sted kun 40 år efter Jesu profeti.

I Matthæusevangeliet 24:32 siger Jesus: *"Lær denne lignelse af figentræet: Når dets grene bliver bløde og får blade, ved I, at sommeren er nær."* Figentræet symboliserer her nationen Israel, og denne lignelse viser, at Israel vil blive selvstændigt, når Jesu genkomst er nær. Endelig bevidner historien at disse ord fra Gud blev opfyldt, da Israel, som ellers var faldet i år 70 e.Kr. på mirakuløs vis blev genoprettet den 14. maj 1948 - 1900 år efter dets ødelæggelse.

Det Gamle Testamentes profeti og dets opfyldelse i det Nye Testamente

Jeg bevidner, at Guds ord i Bibelen er sandt ved at studere, hvordan profetierne i det Gamle Testamente er blevet opfyldt under det Nye Testamentes tid.

Det Gamle Testamentes lov var ikke den perfekte måde til at "opnå Guds sande børn". Den var kun en skygge af Guds fremvisning. Derfor lovede Gud Messias' komme gennem hele det Gamle Testamente. Da tiden kom, sendte han Jesus Kristus til verden for at opfylde sit løfte.

Det er åbenlyst, at Jesus kom til verden for ca. 2000 år siden. Den vestlige historie er stort set delt i to grupper i forhold til Jesu fødsel. "F.Kr." står for *før Kristus,* og henviser til historien før Jesu tid, men "e.Kr." betyder *efter Kristus.* Dermed henviser historien i sig selv til Jesu fødsel. Lad os kaste et blik på Første Mosebog 3:15:

Jeg sætter fjendskab mellem dig og kvinden, mellem dit afkom og hendes: Hendes afkom skal knuse dit hoved, og du skal bide hendes afkom i hælen.

Dette vers profeterede at vores Frelser, som er kvindens afkom, ville komme og ødelægge dødens magt. "Kvinde" betyder i denne passage Israel. Jesus kom rent faktisk til jorden som søn af Josef, som tilhørte Judas' stamme i Israel (Lukasevangeliet 1:26-32).

I Esajas' Bog 7:14 står der: *"Men Herren vil selv give jer et tegn: Se, den unge kvinde skal blive med barn og føde en søn, og hun skal give ham navnet Immanuel."*

Dette betyder, at Guds søn vil blive sendt for at udsone menneskehedens synder ved at blive undfanget ved Helligånden. Og Jesus blev dermed født af Jomfru Maria ved Helligånden (Matthæusevangeliet 1:18-25).

Det blev profeteret, at Jesus skulle fødes i Betlehem, som der står i Mikas Bog 5:2:

Du, Betlehem, Efrata, du er lille blandt Judas slægter. Fra dig skal der udgå én, som skal være hersker i Israel; hans udspring er i fortiden, i ældgamle dage.

Som opfyldelse af disse ord blev Jesus født i Betlehem, Judas, under Kong Herodes tid. En hver historiker bekræfter dette.

Kong Herodes' drab af mange uskyldige spædbørn omkring tidspunktet for Jesu fødsel (Jeremias' Bog 31:15; Matthæusevangeliet 2:16), Jesu ankomst til Jerusalen (Zakarias'

Bog 9:9; Matthæusevangeliet 21:1-11) og Jesu himmelfart (Salmernes Bog 16:10; Apostlenes Gerninger 1:9) blev profeteret og opfyldt i overensstemmelse dermed.

Desuden blev det profeteret og opfyldt både at Judas Iskariot, som havde fulgt Jesus i tre år, ville bedrage ham (Salmernes Bog 41:9), og at han ville gøre det for tredive sølvstykker (Zakarias' Bog 11:12).

Du kan derfor tro på, at Bibelen er sand, og at den i sandhed er Guds ord, særligt når du ser, at alle profetierne i det Gamle Testamente er blevet opfyldt præcist.

Profetier i Bibelen, som stadig skal opfyldes

Gud gjorde Jesus Kristus til vores Frelser ved at opfylde alle profetierne i det Gamle Testamente under tiden for det Nye Testamente. Enhver profeti om Jesus, om historiens gang i Israel og om menneskehedens historie blev opfyldt uden en eneste fejl. Ransagelse af verdenshistorien leder os til at se, at ethvert profetisk ord i Bibelen er gået i opfyldelse og vil gå i opfyldelse.

Profeterne i både det Gamle og det Nye Testamente profeterede opståen og nedbryden af verdensmagter, destruktion og genopbygning af Jerusalem og fremtidige hændelser for vigtige personer. Mange profetier i Bibelen er blevet opfyldt eller er ved at blive det, og folket venter stadig på at se Jesu genkomst, ekstasen, Tusindårsriget og dommen fra den store hvide trone. Vores Herre forbereder nu din plads, som han har lovet (Johannesevangeliet 14:2), og han vil snart føre dig til et evigt sted. Vores verden lider af hungersnød, jordskælv, usædvanligt vejr og kolossale ulykker. Man bør ikke anse dette for et tilfælde, men i stedet indse, at Jesu genkomst er nær (Matthæusevangeliet 24:3-14). Du bør opnå den fulde frelse ved at være vågen og smykke sig som brud.

Kapitel 2

GUD SKABER OG KULTIVERER MENNESKET

- Gud skaber mennesket
- Hvorfor kultiverer Gud mennesket?
- Gud skiller hveden fra avnerne

*Gud skabte mennesket i sit billede;
i Gud billede skabte han det, som
mand og kvinde skabte han dem.
Og Gud velsignede dem og sagde
til dem: "Bliv frugtbare og talrige,
opfyld jorden og underlæg jer den;
hersk over havets fisk, himlens
fugle og alle dyr, der rører sig på
jorden!"*

Første Mosebog 1:27-28

Mindst en gang i livet stiller du nok fundamentale spørgsmål angående oprindelse, destination, formål og meningen med livet. Du forsøger at opnå svar. Mange mennesker forsøger på forskellige måder at løse disse problemer, men går bort uden at have opnået originale svar.

Verdensberømte vismænd som Konfusius, Buddha eller Sokrates stræbte også efter at opnå disse fundamentale svar. Konfusius fokuserede på moral, som understregede at fuldkommen dyd var at anse som et etisk ideal, og han fik mange disciple. Buddha gjorde bod i lang tid for at blive udfriet fra verdslig eksistens. Sokrates søgte sandheden på sin egen måde og stræbte efter sand viden.

Igen af dem kunne dog finde en permanent, fundamental løsning, opnå den oprigtige sandhed eller opnå et evigt liv. Det skyldes, at den sandhed, der var blevet skjult før verdens skabelse, er usynlig og urørlig. Man kan ikke få klare svar omkring livet, før man forstår Gud Skaberens forsyn for den menneskelige kultur.

Gud skaber mennesket

Den underfulde dannelse af organer, celler og væv i

menneskets krop er umådelig. Gud, som skabte mennesket på denne måde, ønskede sande børn, som han kan dele sin kærlighed med til evig tid. Af den grund skabte Gud mennesket i sit eget billede til at ligne ham, og han har kultiveret mennesket og forberedt himmelen.

Hvordan skabte Gud så alle ting i universet og dannede mennesket?

Guds seks dages skabelse

Første Mosebog 1 beskriver fint den proces, hvormed Gud skabte himlen og jorden på seks dage. Gud sagde: *"Der skal være lys!"* Og der blev lys (Første Mosebog 1:3). Så sagde han: *"Der skal være en hvælving i vandene; den skal skille vandene!"* og vi ved, at det skete (Første Mosebog 1:9). Og sådan fortsatte det.

Som der står i Hebræerbrevet 11:3: *"I tro fatter vi, at verden blev skabt ved Guds ord, så det, vi ser, ikke er blevet til af noget synligt."* Gud skabte hele universet med sit ord.

Gud skabte lyset på den første dag, og himmelfladen på den anden dag. På tredjedagen, da Gud sagde: *"Der skal være en hvælving i vandene; den skal skille vandene!"* (Første Mosebog 1:9), skete dette, og Gud kaldte det tørre land for jord, og vandene kaldte han for hav. Så sagde Gud: *"Jorden skal grønnes: Planter, der sætter frø, og alle slags frugttræer, der bærer frugt med kerne, skal være på jorden."* (Første Mosebog 1:11). Og jorden frembragte vegetation, planterne satte frø alt efter deres slags, og træerne bar frugt med kerner alt efter deres slags. På den fjerde dag skabte han solen, månen og stjernerne på himmelhvælvingen, og lod solen herske over dagen og månen over natten. På femte dag skabte han væsenerne i havet og alle slags levende væsener, der rører sig og vrimler i vandet, og alle slags vingede fugle. På den sjette dag skabte han kvæg, krybdyr og alle slag vilde dyr.

Mennesket er skabt i Guds billede

Gud skaberen havde i seks dage forberedt et miljø, hvor mennesket kunne leve, og så skabte han mennesket i sit billede. Han velsignede mennesket som hersker over alle skabninger, og sagde, at det skulle underlægge sig dem og herske over dem.

Gud skabte mennesket i sit billede; i Guds billede skabte han det, som mand og kvinde skabte han dem. Og Gud velsignede dem og sagde til dem: "Bliv frugtbare og talrige, opfyld jorden og underlæg jer den; hersk over havets fisk, himlens fugle og alle dyr, der rører sig på jorden!" (Første Mosebog 1:27-28).

Hvordan skabte Gud så mennesket?

Da formede Gud Herren mennesket af jord og blæste liv i hans næsebor, så mennesket blev et levende væsen. (Første Mosebog 2:7).

I dette vers henviser jord til ler. En dygtig pottemager, som bruger ler af god kvalitet, laver celadon og hvid porcelæn af stor værdi. Modsat er der andre pottemagere, som laver uglaseret lertøj, tegl eller mursten.

Værdien af et stykke lertøj afhænger hovedsagligt af, hvem der har lavet det; hvor dygtigt det er lavet; hvilken slags ler, der er blevet brugt og hvilken type lertøj, det er. Hvor smukt gjorde Gud det, da han skabte mennesket i sit billede!

Efter at have skabt mennesket i sit billede af jord, blæste Gud sin levende ånde ind i hans næsebor, det vil sige den levende energi. Så blev mennesket en levende ånd. Den levende ånde er Guds styrke, kraft, energi og ånd.

Gud blæser sin levende ånde ind i mennesket

Hvis du vil forstå, hvordan mennesket blev skab som en levende ånd, kan du tænke på et fluorescerende lys, der stråler. Hvis du vil have et fluorescerende lys til at stråle, må du først finde at velfabrikeret et, og derefter tilslutte det. Men det kan ikke stråle, før du tænder for strømmen.

Fjernsynet i dit hjem fungerer på samme måde. Du kan ikke se noget på skærmen, før du tænder for det, men når du først har tændt, kan du se og høre adskillige typer af billeder og lyd. Du kan fremkalde billeder på skærmen bare ved at tænde for fjernsynet. Men inden i fjernsynet er særligt udarbejdede dele samlet på en meget kompliceret måde.

Ligeledes dannede Gud ikke alene menneskets form, men også de indre organer og knoglerne af jorden. Han lavede vener, hvor igennem blodet kan flyde, og nervesystemet, som kunne udfylde dets funktion på bedste vis.

Guds kraft kan forandre jord til blød hud hvis og når han ønsker et. Ligesom at tænde for strømmen. Han blæste den levende ånde ind i mennesket. Og med det samme begyndte blodet at løbe i ham, sådan at han kunne trække vejret og bevæge sig.

Da Gud desuden laver hukommelsesenheder i menneskets hjerneceller, kan mennesket huske det, de hører og føler. Det, som huskes, bliver viden, og viden kan reproduceres som tanker. Når man bruger den oplagrede viden i sit liv, kaldes det visdom.

Mennesket har på trods af, at det er en simpel skabning, øget sin visdom og viden, og har udviklet en videnskabelig civilisation. Vi udforsker nu universet og laver computere og lagrer store mængder information i dem eller genkalder informationer, og har dermed stor gavn af computere, ligesom Gud lavede hukommelsesenheder i hjernecellerne. Vi er kommet så langt som til at lave kunstig intelligens i computere, der kan genkende bogstaver eller menneskestemmer, og kan kommunikerer med andre. De vil blive udviklet stadig mere med tiden. Hvor må det have været langt nemmere for den almægtige Gud Skaberen at danne mennesket af jorden og blæse den levende ånde ind i ham for at gøre ham til et levende væsen! Dette er nemt for Gud, som kan skabe noget ud af intet, men det er underfuldt for mennesket (Salmernes Bog 139:13-14).

Hvorfor kultiverer Gud mennesket?

Jesus lærer os om Guds forsyn gennem mange lignelser. Da det spirituelle rige ikke kan forstås med menneskelig viden, brugte han verdslige objekter i lignelser til at få os til at forstå. Mange af disse lignelser handler om kultivering. For eksempel er der lignelsen om sædemanden (Matthæusevangeliet 13:3-23; Markusevangeliet 4:3-20; Lukasevangeliet 8:4-15), lignelsen om sennepsfrøet (Matthæusevangeliet 13:31-32; Markusevangeliet 4:30-32; Lukasevangeliet 13:18-19), lignelsen om ukrudtet i hveden (Matthæusevangeliet 13:24-30, 36-43), lignelsen om vingården (Matthæusevangeliet 20:1-16), og lignelsen om de onde vinbønder (Matthæusevangeliet 21:33-41; Markusevangeliet 12:1-9; Lukasevangeliet 20:9-16).

Disse lignelser viser os, at ligesom bønderne rydder marker, sår sæd, dyrker den og høster, har Gud skabt mennesket, kultiverer det på jordet, og vil skille hveden fra avnerne.

Gud ønsker at dele sand kærlighed med sine børn

Gud har ikke alene Guddommelighed, men også menneskelighed. Guddommelighed er den alvidende og omnipotente Gud Skaberens magt, og menneskeligheden er det menneskelige sind. Gud har skabt og regeret over hele universet, menneskets historie og deres liv. Men han føler også glæde, vrede, sorg og behag, og ønsker at dele sin kærlighed med sine børn.

Bibelen viser os mange gange, at Gud har en personlighed

ligesom mennesker; Gud glæder sig og velsigner mennesker, når de—skabt i Guds billede—gør det, som er rigtigt, men han ærgrer sig og beklager sig i vrede, når de begår synder. Guds ønske om at kommunikerer med sine børn og give dem gode ting udtrykkes ofte med Guds ord.

Hvis Gud kun havde haft guddommelige karakteristika, havde han ikke haft behov for at hvile efter et have skabt universet på seks dage, og ville ikke have ønsket fællesskab med os, men han siger: *"Bed uophørligt"* (Første Thessalonikerbrev 5:17), og *"Kald på mig, så vil jeg svare dig og fortælle dig om store og ufattelige ting, som du ikke kender."* (Jeremias' Bog 33:3).

Nogle gange ønsker man at være alene, men til tider er man gladere, når man er sammen med en ligesindet ven, med hvem man kan dele sig kærlighed. Ligeledes har Gud skabt mennesket i sit billede, fordi han ønsker at udveksle kærlighed med nogen. Han kultiverer den menneskelige ånd på denne jord fordi han ønsker sande børn, som kan forstå hans hjerte og elske ham af hele deres hjerte.

Gud ønsker børn, som adlyder af fri vilje

Nogle vil måske undre sig over, at Gud har skabt menneskene og fremelsket dem, når der nu er så mange lydige engle og den himmelske skare i himmelen. Men de fleste af englene har ikke de menneskelige karakteristika, som er mest væsentlige i forhold til at kunne dele kærlighed. Med andre ord har de ikke den frie vilje til at kunne vælge selv. De adlyder budene fint ligesom robotter, men de kan ikke føle glæde, vrede, sorg eller behag i samme grad som mennesker. Derfor kan de ikke dele deres kærlighed med Gud af hjertets grund.

Lad os for eksempel tænke os, at du har to børn. En af dem følger dine ordrer uden at udtrykke nogen følelser, meninger eller kærlighed ligesom en velprogrammeret robot. Den anden sårer til tider dine følelser, men fortryder snart sine handlinger, klynger sig sødt til dig, og udtrykker sig fra hjertet på mange måder. Hvilket af børnene ville du så elske mest? Naturligvis det sidste.

Lad os antage, at du har en robot, som laver mad, gør rent og tjener dig. Selv da vil du ikke elske robotten mere end dine børn. Uanset hvor hårdt, robotten arbejder for dig, og hvor meget den hjælper dig, så kan den ikke erstatte dine børn.

Ligeledes foretrækker Gud mennesker, som adlyder ham af fri vilje med fornuft og følelser frem for englene og den himmelske skare, der agerer som velprogrammerede robotter. Han giver mennesket fri vilje og sit ord. Så lærer han dem, hvad der er godt og ondt, og hvad der er vejen til frelse eller til død. Han venter tålmodigt indtil de bliver sande børn.

Guds menneskelige kultivering med faderlig affektion

Det står skrevet i Første Mosebog 6:5-6 at: *"Herren så, at menneskenes ondskab var stor på jorden, og at alt, hvad de ville og planlagde dagen lang, kun var ondt. Da fortrød Herren, at han havde skabt menneskene på jorden."*

Betyder dette, at Gud ikke kendte dette faktum om mennesket, da han skabte det? Han vidste det så absolut. Gud er alvidende og omnipotent, så han vidste alting før tidens begyndelse. Ikke desto mindre skabte han mennesket og kultiverede det.

Hvis du er forældre, vil det måske være nemmere for dig at forstå dette. Hvor er det hård at føde børn og opdrage dem! Mens en kvinde er gravid, vil hun have mange problemer såsom kvalme i ni måneder. På fødselstidspunktet oplever hun en stor smerte. For at give børnene mad, tøj og opdragelse må forældrene gøre en stor indsats og arbejde hårdt dag og nat. Og når de bliver syge, føler forældrene større smerte end børnene.

Hvorfor opfostrer forældre deres børn på trods af al denne smerte og anstrengelse? Grunden er, at forældre ønsker at dele deres kærlighed med nogen, og særligt at føle forældrekærlighed og at blive elsket som forældre. Selv smerten skaber lykke for forældre.

Desuden er børnene elskelige, hvis de ligner deres forældre. Naturligvis kan ikke alle børn være pligtopfyldende overfor forældrene. Nogle børn elsker og respekterer deres forældre, men andre skaber bedrøvelse.

På samme måde vil forældre være bevidste om alle de smerter, som er involveret i at opdrage børn, men de vil ikke anse dem for smerter. I stedet vil de gøre sig store anstrengelser og håbe, at deres børn vokser godt op, og vil være dem til glæde. På samme måde vidste Gud, at mennesket ville undlade at adlyde, blive korrupt og skabe sorg, men han vidste også, at der ville være nogle sande børn, som ville dele deres kærlighed med ham. Gud har dermed skabt mennesket og fremelsket det velvilligt.

Gud ønsker at blive lovprist af sine sande børn

Gud kultiverer den menneskelige ånd på jorden ikke alene for at opnå sande børn, men også for at blive lovprist gennem dem. Gud kan modtage nok så megen lovprisning fra en stor samling af engle og den himmelske skare. Ikke desto mindre er det, han egentlig ønsker, at hans kultiverede, sande børn lovpriser ham af deres hjerters grund.

Gud fortæller i Esajas' Bog 43:7 at *"alle, der kaldes ved mit navn, dem har jeg skabt til min ære, dem har jeg dannet og skabt."* og i Første Korintherbrev 10:31 instruerer han os om at *"Enten I altså spiser eller drikker, eller hvad I end gør, skal I gøre alt til Guds ære."*

Gud er Skaberen, Kærligheden og Retfærdigheden. Han gav os sin enbårne søn for at frelse os, og har forberedt himmelen og det evige liv. Han er mere end værdig til at blive lovprist. Desuden ønsker han at returnerer denne lovprisning til dem, som lovpriser ham.

Du bør derfor blive Guds sande barn, som kan dele kærligheden med ham for evigt, ved at forstå hvorfor Gud ønsker at blive lovprist gennem sine spirituelt kultiverede børn.

Gud skiller hveden fra avnerne

Bønder dyrker jorden, fordi de ønsker at høste en overflod af afgrøder. Gud kultiverer ligeledes den menneskelige ånd på jorden for at få sande børn, som ikke alene elsker og lovpriser ham af hjertet, men som også deler deres kærlighed med ham i himlen til evig tid.

Der er altid både hvede og avner ved høsten, så bønderne skiller hveden fra avnerne, samler hveden i deres lader, og brænder avnerne med ild. På samme måde vil Gud skille hveden fra avnerne ved afslutningen af kultiveringen af menneskets ånd:

> *Han har sin kasteskovl i hånden, og han skal rydde sin tærskeplads og samle sin hvede i lade, men avnerne lader han brænde i en ild, der aldrig slukkes. (Matthæusevangeliet 3:12).*

Du må derfor have fast tro på, at Gud kultiverer menneskets ånd på jorden, og på det rette tidspunkt vil han samle hveden— de sande børn—i himlen til et evigt liv, men brænde avnerne i helvedes uudslukkelige ild.

Lad os da dvæle nærmere ved, hvilken type menneske, der er henholdsvis hvede og avner i Guds øjne, og hvilken slags steder himlen og helvede er.

Hveden og avnerne

Hveden symboliserer dem, som tager imod Jesus Kristus, går den sande vej, og deler deres kærlighed med Gud. De er børn af lyset, som genskaber det mistede billede af Gud, og gør hvad som helst Gud befaler.

I modsætning hertil repræsenterer avnerne dem, som ikke tager imod Jesus Kristus, eller dem, som hævder at de tror, men som ikke lever efter Guds ord, og i stedet følger deres egne onde lyster. I Første Timotheusbrev 2:4 beskrives vores Gud som den, der *"vil, at alle mennesker skal frelses og komme til erkendelse af sandheden."* Det vil sige, at Gud ønsker, at alle mennesker skal være hvede og komme ind i det himmelske rige. Gud forsøger at få dig til at indse dette på mange måder, og at lede dig på vej til frelsen. Ikke desto mindre er der nogle mennesker, som i sidste ende overskrider Guds vilje og forsyn i overensstemmelse med deres egen fri vilje. Disse mennesker er ikke mere værd end bæster for Gud, for de har mistet den menneskelige værdi.

Bønder brænder avnerne på ilden elle bruger dem som gødning, fordi hvis både hveden og avnerne skulle samles i laden, så ville hveden rådne. Derfor vil Gud ikke lade avnerne komme ind i himmelrige, hvor hveden skal være. I modsætning til dyrene har mennesket en evig ånd, fordi Gud blæste den levende ånde ind i det, da han skabte det. Så Gud kan ikke ødelægge avnerne eller lade dem blive til ingenting.

Det er uundgåeligt for Gud af samle hveden i himlen og lade dem nyde den evige lykke, samt at brænde avnerne i den uudslukkelige helvedesild til evig tid. Du må holde dig dette faktum for øje for ikke at blive kastet i helvedes ild.

Himlens skønhed og helvedes rædsel

På den ene side er himlen for smuk til at blive sammenlignet med noget i denne verden. For eksempel vil denne verdens blomster hurtigt visne, men blomsterne i himlen hverken visner eller falder af, for i himlen er alt evigtvarende. Vejene er lavet af det pure guld, der er klart som glas, Livets Flod der skinner som ren krystal løber gennem landskabet, og husene er lavet af alle slags strålende juveler. Alt er usigelig smukt (se venligst *Himlen I & II*).

På den anden side er helvede det sted, hvor ormene ikke dør, og ilden aldrig slukkes. Enhver skal saltes med ild (Markusevangeliet 9:48-49). Desuden er der en sø af brændende svovl i helvede, som er syv gange så varm som søen af ild (Johannesåbenbaringen 20:10,15). Mennesker, som ikke er blevet frelst, må leve i søen af uudslukkelig ild eller søen af brændende svovl for evigt. Hvor forfærdeligt og skræmmende er det ikke at leve der til evig tid (se venligst *Helvede*)!

Derfor siger Jesus i Markusevangeliet 9:43, at: *"hvis din hånd bringer dig til fald, så hug den af; du er bedre tjent med at gå lemlæstet ind i livet end med begge hænder i behold at komme i Helvede, til den uudslukkelige ild."*

Hvorfor har kærlighedens Gud skabt både det frygtelige helvede og den smukke himmel? Hvis onde mennesker får lov at komme ind i det sted, hvor dem, der er gode og elskelige for Gud skal dvæle, vil det være smertefuldt for de gode mennesker, og himlen vil blive forurenet af ondskab. Kort sagt lavede Gus helvede, fordi han elsker mennesket, og ønsker at give sine børn det allerbedste.

Dommen fra den store hvide trone

Ligesom bonden sår sæden og høster den år efter år, har Gud kultiveret menneskets ånd siden Adam blev forvist fra Paradisets Have, og vil fortsætte med det indtil Jesus kommer tilbage. Gud viste sin vilje til troens forfædre såsom Noah, Abraham, Moses, Johannes Døberen, Peter og apostelen Paulus. I dag kultiverer han kontinuerligt menneskets ånd gennem sine forkyndere og arbejdere. Men ligesom der nødvendigvis må komme en ende efter en begyndelse, vil kultiveringen af menneskets ånd ikke fortsætte for evigt.

Andet Petersbrev 3:8 fortæller os: *"Dette ene må I ikke glemme, mine kære, at for Herren er én dag som tusind år, og tusind år som én dag."* Ligesom Gud hvilede på den syvende dag efter den seks dage lange skabelse af universet, vil Jesu genkomst og det nye årtusinde—søgnetiden—komme seks tusinde år efter Adams ulydighed. Derefter vil Gud gennem dommen fra den store hvide trone lade hveden komme ind i himlen og kaste avnerne på helvedes ild.

Derfor beder jeg i Herren Jesu Kristi navn om en dyb forståelse af Guds forsyn og kærlighed til den menneskelige kultur, om at føre et velsignet liv og at lovprise Gud med et inderligt håb om himmelen.

Kapitel 3

KUNDSKABENS TRÆ

- Adam og Eva i Edens have
- Adam var ulydig af egen fri vilje
- Syndens løn er død
- Hvorfor placerede Gud kundskabens
  træ i Edens have?

Gud Herren tog mennesket og satte ham i Edens have, for at han skulle dyrke den og vogte den. Men Gud Herren gav mennesket den befaling: "Du må spise af alle træerne i haven. Men træet til kundskaben om godt og ondt må du ikke spise af, for den dag du spiser af det, skal du dø!"

Første Mosebog 2:15-17

De, som ikke kender Skaberen Guds store kærlighed og han dybsindige forsyn for at fremelske sine sande børn, vil måske spørge: "Hvorfor placerede Gud kundskabens træ i Edens have?", "Hvorfor lod han det første menneske gå mod ødelæggelsen?" De tror, at mennesket måske ikke ville være dødeligt og ville kunne leve et lykkeligt liv for evigt i Edens have, hvis bare Gud ikke havde placeret træet der.

Nogle af dem siger endda ting i retning af: "Gud vidste måske ikke på forhånd, at Adam ville spise frugten fra kundskabens træ", for de tror ikke på Guds alvidenhed og omnipotens. Satte han træet i Edens have med ringe indsigt og uden at kende til Adams fremtidige ulydighed? Eller satte Gud træet der for med vilje at føre mennesket på vej mod døden? Naturligvis ikke!

Hvorfor satte Gud så kundskabens træ midt i Edens have? Hvorfor var Adam ulydig overfor Guds befaling, og faldt ind på dødens vej?

Adam og Eva i Edens have

Gud dannede mennesket af støv fra jorden og blæste den levende ånde ind i hans næsebor, og mennesket blev et levende væsen (Første Mosebog 2:7). Et levende væsen er et spirituelt væsen, som ikke har nogen slags viden, når han først bliver skabt. Lad os tage et eksempel. En nyfødt baby har hverken visdom eller viden. Babyen har et hukommelsessystem i sin hjerne, men har aldrig set, hørt eller lært noget. Så babyen kan kun handle pr. instinkt.

På samme måde havde Adam hverken spirituel visdom eller viden, da han først blev et levende væsen.

Adam fik viden om livet fra Gud

Gud plantede en have i østen, i Eden og satte Adam der. Gud gav Adam viden om livet og sandheden ansigt til ansigt, vandrende sammen med ham, sådan at Adam kunne kontrollerer og håndtere Edens have.

I Første Mosebog 2:19 står der: *"Så formede Gud alle de vilde dyr og alle himlens fugle af jord, og han førte dem til mennesket for at se, hvad han ville kalde dem, og det mennesket kaldte de levende væsener, blev deres navn."* Adam var udstyret med nok viden om livet til at regerer over alle ting.

Men det forekom også Gud, at det ikke var godt for Adam at være alene. Gud lod ham derfor falde i dyb søvn for at skabe ham en passende hjælper. Gud tog et af mandens ribben og lukkede til med kød, mens hans sov. Så skabte Gud kvinden fra det ribben, han havde taget fra manden, og bragte hende til manden. Gud lod manden forene sig med sin kone, og de blev ét kød (Første Mosebog 2:20-22).

Det var ikke sådan, at Adam selv følte sig ensom, men Gud havde været alene i lang tid før tidens begyndelse, og vidste, hvad ensomhed var.

Guds store kærlighed og nåde førte ham til at lave Adams hjælper, og selv om han på forhånd kendte Adams situation, velsignede han dem til at være frugtsommelige, trives og fylde jorden.

Adams lange liv i Edens have

Hvor lang tid levede Adam og hans kone Eva så i Edens have? Bibelen diskuterer ikke dette i detaljer, men du skal vide, at de levede der meget længere, end hvad de fleste mennesker forestiller sig. Bibelen fortæller os al dette med kun få vers. Mange mennesker tror, at Adam spiste den forbudne frugt og faldt ind i ødelæggelsen kort efter, at Gud satte ham i Edens have. Nogle spørger: "Bibelen siger, at menneskets historie er 6000 år, men hvordan kan du forklare mange fossiler, som er dateret til at være flere hundred tusind år gamle?"

Den menneskelige kulturs historie i Bibelen er ca. 6000 år, startende på det tidspunkt, hvor Adam og Eva blev uddrevet af Edens have. Den inkluderer ikke den lange periode, hvorunder de havde levet i Edens have. Da der gik lang tid, har der været store geologiske og geografiske forandringer som skorpereaktioner og adskillige reproduktionscykler, og udslettelse har fundet sted på jorden. Som det diskuteres i kapitel 1, er der mange fossiler, der bevidner om dette faktum.

Ligesom Gud velsignede Adam og hans kone i Første Mosebog 1:28, havde det første menneske Adam, før han blev forbandet, vandret med Gud og fået mange børn gennem lang tid, og fyldt Edens have. Som herre for alle skabte ting underlagde Adam sig Edens have, og bestyrede den godt.

Adam var ulydig af egen fri vilje

Gud gav Adam og Eva hver sin frie vilje, og lod dem nyde den overflod og glæde, som var i Edens have. Men der var én ting, som Gud forbød. Gud befalede, at de ikke måtte spise af kundskabens træ.

Hvis Adam havde forstået Guds dybe hjerte og i sandhed elskede ham, ville han ikke have spist den forbudne frugt, for han kendte Guds befaling. Ikke desto mindre var han ulydig overfor denne specifikke befaling, fordi han ikke i sandhed elskede Gud.

Gud placerede kundskabens træ i Edens have og etablerede en strikt lov mellem Gud og mennesket. Han tillod mennesket at overholde befalingen af egen fri vilje. Det skyldes, at han ønskede at få sande børn, som ville være lydige af hjertets grund.

Adam så bort fra Guds ord.

I Bibelen lover Gud ofte velsignelser til dem, som adlyder hans befalinger og agter alle hans ord (Femte Mosebog 15:4-6; 28:1-14). Men hvem adlyder alle hans befalinger? Selv Bibelen indrømmer, at der kun er få mennesker i verden, som er i stand til det. Gud må have lært det første menneske Adam, at han ville nyde det evige liv og velsignelser, så længe han adlød Guds, men ville opnå den evige død, hvis han var Gud ulydig. Gud advarede ham om ikke at spise fra kundskabens træ. Men Adam og Eva ignorerede Guds befaling, og spiste den forbudne frugt. Satan forsøgte at forstyrre Guds plan om at fremelske sine sande og spirituelle børn lige fra begyndelsen. Til sidst fik Satan succes med at friste dem til at spise frugten gennem slangen, der var det snedigste af alle vilde dyr (Første Mosebog 3:1). Adam og Eva ignorerede Guds befaling. Men hvordan kunne Adam se bort fra Guds befaling, hvis han var en levende ånd, og kun var blevet belært om sandheden af Gud?

I Første Mosebog 2:15 finder vi, at Gud får Adam til at bestyre og tage vare på Edens have. Adam får magt og autoritet fra Gud til at styre og vogte den. Gud lod han vogte den for at den fjendtlige djævel ikke skulle bryde ind. Ikke desto mindre lykkedes det Satan at kontrollere slangen, og friste Adam og Eva gennem den. Hvordan var dette muligt?

Man kan sige, at Satan er en ond ånd, som har autoritet over luftens rige. Satan har ikke nogen form. I Efeserbrevet 2:2 henvises der til Satan som hersker over luftens rige og den ånd, der stadig virker over ulydighedens børn.

Da Satan er ligesom en radiobølge, der flyver gennem luften, kunne han kontrollerer slangen i Edens have til at friste Adam og Eva. Første Mosebog 1 viser en særlig frase, som bliver gentaget. Sidst på hver af skabelsens dage, gentager Bibelen "Gud så, at det var godt." Denne frase bliver ikke udtalt på anden dag, da himmelhvælvingen bliver lavet. Igen taler Efeserbrevet 2:2 om en tid, *"som I før vandrede i, da I lod jer bestemme af denne verdens tidsalder, og ikke af ham, som hersker over luftens rige, den ånd, der stadig virker i ulydighedens børn."* Gud vidste på forhånd, at onde ånder ville få autoritet over luftens rige.

Eva bliver ledt ind i fristelse af slangen

Slangen er kun et af dyrene på marken. Hvordan kunne det lykkes for den at friste Eva til at være ulydig overfor Guds befaling? I Edens have kunne mennesket kommunikere med alle levende væsener såsom blomster, træer, fugle, vilde dyr og så videre. Eva kunne også tale med slangen. Oprindeligt var slangen elsket af mennesket, og havde en god forbindelse med dem ulig på nuværende tidspunkt. De var glatte, rene, lange, runde og vise, og Eva holdt af dem. De kendte hende godt og behagede hende. Det samme var tilfældet med hundene, som ejerne holder af, fordi de er klogere og følger bedre med end andre dyr. Dog er der mange mennesker, der siger: "Slanger er frygtelige, giftige, og frastødende." De synes nærmest instinktivt dårligt om slanger, fordi det var slangen, som bedrog det første menneske Adam og hans kone Eva, sådan at de var ulydige overfor Guds befaling, og dermed faldt ind på dødens vej.

For at forstå slangens natur, må du kende den oprindelige jords karakteristika. Hver slags muld har forskellige ingredienser i varierende proportioner. Alt efter hvilke elementer, mulden indeholder, kan den være god eller dårlig. Da Gud skabte alle vilde dyr og alle fugle i himlen, valgte han den slags muld, der var egnet til hver slags dyr (Første Mosebog 2:19).

Gud gjorde ikke slangen snedig fra starten. Han gjorde den

vis nok til at blive elsket af mennesket. Men slangen blev snedig efter at den onde natur var løbet igennem den. Hvis slangen ikke havde modtaget Satans stemme, men kun havde udført Guds vilje, ville den være blevet et vist og godt dyr. Men da den lyttede til og adlød Satans stemme, blev slangen et snedigt dyr, som narrede Eva til at falde ind på dødens vej.

Eva ændrede Guds ord

Slangen vidste, at Gud havde sagt til Adam: *"Du må spise af alle træerne i haven. Man træet til kundskab om godt og ondt må du ikke spise af, for den dag du spiser af det, skal du dø!"* (Første Mosebog 2:16-17). Så slangen spurgte snedigt Eva: *"Har Gud virkelig sagt, at I ikke må spise af træerne i haven?"* (Første Mosebog 3:1). Hvordan svarede Eva så slangen?

Vi må gerne spise af frugten på træerne i haven, men frugten på det træ, der står midt i haven, har Gud sagt, at vi ikke må spise af og ikke røre ved, for ellers skal vi dø. (Første Mosebog 3:2-3).

Gud gav Adam en klar advarsel: *"Men træet til kundskab om godt og ondt må du ikke spise af, for den dag, du spiser af det, skal du dø."* (Første Mosebog 2:17). Han understregede, at de ikke ville leve, hvis de spiste fra dette træ. Ikke desto mindre var dette ikke åbenlyst i Evas svar. Hun svarede kun vagt : "Du skal dø", men undlod at sige det med overbevisning. Men andre ord mente hun: "Hvis du spiser den forbudne frugt er det muligt, at du vil dø."

Hun holdt sig ikke Guds befaling for øje, og tvivlede lidt på Guds ord. Efter at slangen hørte hendes vage og tvivlende svar, fristede den hende hurtigt yderligere. Den forvrængede endda Guds befaling. Slangen sagde til kvinden: "Vist skal I ikke dø." Og den begyndte at ændre Guds befaling og opmuntre kvinden: *"Men Gud ved, at den dag I spiser af den, bliver jeres øjne åbnet, så I vil blive som Gud og kan kende godt og ondt."* (Første Mosebog 3:5). Den fristede hende igen, og stimulerede hendes nysgerrighed yderligere.

Eva var ulydig overfor Gud af egen fri vilje

Efter at Satan havde påført kvinden syndefulde lyster gennem hendes usande tanke, syntes træet hende anderledes, end hvad hun hidtil havde kendt. I Første Mosebog 3:6 står der: *"Kvinden så, at træet var godt at spise af og tiltrækkende at se på, og at det også var godt at få indsigt af, og hun tog frugten og spiste. Hun gav den også til sin mand, der var hos hende, og han spiste."*

Hun burde havde uddrevet slangens fristelse fuldstændig. Men det syndefulde menneskes begærlighed, hendes øjnes lyst og livets stolthed overtog hende, og drev hende ind i ulydighedens synd.

Nogle siger: "Spiste Adam og Eva ikke af kundskabens træ, fordi de havde en syndefuld natur?" De havde ikke en syndefuld natur, men kun godhed i sig før de var ulydige. Men de havde deres egen frie vilje, og med den kunne de spise den forbudne frugt mod Guds befaling eller lade være.

Som tiden gik, ignorerede de Guds befaling. Så fristede Satan dem gennem slangen, og de overgav sig til fristelsen. På denne måde løb synden gennem dem, og de brød den orden, som Gud havde etableret.

Det samme er tilfældet med børns vækst i ondskab. Selv et barn, som er ondskabsfuldt i handling eller ord, er ikke altid ondskabsfuldt fra fødslen. Først imiterer han andre børns hårde ord eller forbandelser uden at kende deres betydning. Eller han efterligner en dreng, der slår en anden, og nyder at slå andre drenge og se dem bryde ud i gråd. Så han slår gentagne gange, og ondskaben er undfanget og vokser i ham.

På samme måde havde Adam ikke en syndefuld natur fra begyndelsen. Da han var ulydig overfor Guds befaling og spiste fra træet af egen fri vilje, var synden undfanget og ondskaben blev etableret i ham.

Syndens løn er død

Ligesom Gud havde sagt til Adam: "Træet til kundskab om godt og ondt må du ikke spise af, for den dag, du spiser af det, skal du dø", døde Adam og Eva efter at de havde spist af træet. Der står i Jakobs Brev: "Når så begæret har undfanget, sætter det synd i verden, og når synden er vokset op, føder den død."

Romerbrevet 6:23 lærer dig det spirituelle riges lov om resultatet af synd: *"Syndens løn er død."* Lad os se på, hvordan døden kom til Adam og Eva på grund af deres ulydighed.

Deres ånds død

Gud sagde tydeligt til Adam: "Træet til kundskab om godt og ondt må du ikke spise af, for den dag, du spiser af det, skal du dø." Ikke desto mindre døde de ikke umiddelbart efter, at de havde være ulydige overfor Guds befaling. De levede meget længe, og fødte mange børn. Hvad var så den død, som Gud advarede dem om?

Han talte ikke om deres krops død, men om deres ånds død. Mennesket er skabt med en ånd, der kan kommunikerer med Gud, en sjæl, som er tjener for ånden, og en krop, hvor deres ånd og deres sjæl opholder sig. I Første Thessalonikerbrev 5:23 står der, at mennesket består af en ånd, en sjæl og en krop. Da Adam og Eva var ulydige overfor Guds befaling, døde deres ånd, som er menneskets hersker.

Gud er skyldfri og uplettet, og den Hellige dvæler i et utilnærmeligt lys, så syndere kan ikke være hos ham. Adam kunne kommunikere med Gud, da han var en levende ånd, men da hans ånd døde, kunne han ikke længere gøre det på grund af sin synd.

Begyndelse på et smertefuldt liv

Edens have var et smukt sted med stor overflod, og der var ingen bekymringer eller angst, og Adam og Eva kunne leve der til evig tid og spise fra livets træ. Men de blev uddrevet af Edens have, efter at de havde syndet. Fra dette tidspunkt begyndte deres problemer og strabadser.

Kvinden fik flere smerter ved barnefødsler. Hun begyndte at begære sin mand, og manden skulle herske over hende. Og manden måtte dyrke den forbandede jord med møje for at skaffe sig føden (Første Mosebog 3:16-17).

Gud siger til Adam i Første Mosebog 3:18-19: *"Tjørn og tidsel skal jorden lade spire frem til dig, og du skal leve af markens planter. I dit ansigts sved skal du spise dit brød, indtil du vender tilbage til jorden, for af den er du taget. Ja, jord er du, og til jord skal du blive."* Gennem disse vers antyder Gud, at mennesket må vende tilbage til at være en håndfuld støv.

Idet Adam, menneskehedens forfader, begik ulydighedens synd og hans ånd døde, er alle hans efterkommere født som syndere og går dødens vej. Romerbrevet 5:12 genkalder Adams vedvarende arv: *"Derfor: Synden kom ind i verden ved ét menneske, og ved synden døden, og sådan kom døden til alle mennesker, fordi alle syndede."*

Alle mennesker er født med arvesynden

Gud gør mennesket i stand til at være frugtsommelige og øge deres antal gennem livets sædekorn, som han giver dem, når han skaber dem. Mennesker undfanges gennem foreningen af en sædcelle og et æg, som Gud giver hver mand og kvinde som livets sædekorn. Da sædceller og æg har karakteristika fra hver af forældrene, ligner det barn, som undfanges ved foreningen af sæd og æg, sine forældre med hensyn til udseende, karakter, smag, vaner, præferencer, kropsholdning og så videre.

På denne måde er Adams syndefulde natur blevet videregivet til alle hans efterfølgere efter at Adam, som er forfader til alle mennesker, syndede. Dette kaldes arvesynden. Adams efterfølgere er alle født med arvesynden. Så alle mennesker er uundgåeligt syndere.

Nogle ikke-troende beklager sig: "Hvorfor er jeg dog synder? Jeg har ikke begået nogen synd." Eller andre spørger: "Hvordan kan Adams synd blive videregivet til mig?"

Lad os tage et barn som eksempel. En ammende mor har et barn, som endnu ikke er et år gammel. Hun ammer et andet barn foran hendes eget barn. Det er meget sandsynligt, at barnet bliver oprevet og forsøger at skubbe det andet barn væk. Hvis moderen ikke holder op med at amme, eller den anden baby ikke holder op med at sutte, vil hendes barn måske skubbe eller slå moderen eller den anden baby. Hvis moderen fortsætter med at give det andet barn mælk, vil hendes eget barn måske bryde ud i gråd.

Selv om der ikke er nogen, der har lært det lille barn misundelse, jalousi, had, grådighed eller at slå, har babyen haft disse onde ting i sindet siden han blev født. Dette faktum skyldes, at mennesket er født med arvesynden, som er viderebragt fra deres forældre.

Hvor meget mere synder enhver person ikke i sin fulde livstid? Du må forstå, at ikke kun syndefulde handlinger, men også enhver slags ondskab i sindet er en synd for Gud, som er lyset selv. Gud opfatter og betragter ondskab i sindet såsom had, grådighed, forbandelse og meget mere.

Derfor fortæller Bibelen os, at ingen vil blive forkyndt retfærdig i Guds øjne ved at tage loven i agt, og alle mennesker har brug for Guds nåde, fordi de har syndet (Romerbrevet 3:20, 23).

Ikke kun mennesket, men også alle ting er forbandet

Da Adam, som var herre over alle ting, syndede og blev forbandet, blev jorden og alle kreaturerne, alle vilde dyr og fuglene i luften forbandet sammen med ham. Siden da er skadelige og giftige insekter, såsom fluer eller myg, der overføre sygdomme, blevet til.

Jorden begyndte at producere torne og tidsler, og mennesker kunne kun høste planter til mad med møje og i deres ansigts sved. Mennesket blev nødt til at se tårer, sorg, smerte, sygdomme, død og lignende i øjnene, fordi det blev forbandet på denne jord. Derfor står der i Romerbrevet 8:20-22: *"Skabningen blev jo underlagt tomheden, ikke fordi den selv ville, men på grund af ham, der gjorde det, og med det håb, at også skabningen selv vil blive befriet fra trældommen under forfængelighed og nå til den frihed, som Guds børn får i herligheden. Vi ved, at hele skabningen sukker og vånder sig sammen."*

Hvordan blev slagen så forbandet? I Første Mosebog 3:14 siger Gud til den snedige slange, der fristede mennesket til at synde: *"Fordi du har gjort dette, skal du være forbandet blandt alt kvæg og blandt alle vilde dyr. På din bug skal du krybe, og støv skal du æde, alle dine dage."* Slanger spiser dog ikke støv, men levende dyr som fugle, frøer, mus, eller insekter. Gud sagde klart: *"støv skal du æde alle dagene i dit liv."* hvordan skal man tolke dette vers?

"Støvet" symboliserer her mennesket, som er skabt af jord (Første Mosebog 2:7) og "Slangen" står for den fjendtlige djævel og Satan (Johannes-åbenbaringen 20:2). "Støv skal du æde alle dagene i dit liv" symboliserer, at Satan og djævelen indtager de mennesker, som ikke lever efter Guds ord, men som snarere går i mørket. Selv Guds børn står overfor de problemer og strabadser, som Satan og djævelen bringer, hvis de begår ondt og synder mod Guds vilje. I dag går Satan og vores modstander djævelen omkring som en brølende løve og leder efter nogen at sluge (Første Petersbrev 5:8). Hvis de finder nogen, vil de gøre ham eller hende til slave under syndens forbandelse, og trække denne person mod destruktionen. Om muligt vil de endda forsøge at friste Guds børn.

Satan og djævelen vil friste dem, som siger: "Jeg tror på Gud", men som ikke er sikre på Guds ord, og vil lede dem på dødens vej. Sædvanligvis vil Satan og djævlen forsøge at friste dig selv gennem dem, som står dig nærmest, såsom din ægtefælle, venner og slægtninge - ligesom de fristede Eva gennem slangen, der var et af hendes mest elskede kæledyr.

For eksempel kan din ægtefælle eller dine venner sige til dig: "Er det ikke godt nok for dig kun at tage til gudstjeneste søndag morgen? Skal du altid tage af sted til gudstjeneste søndag aften også?" eller "Forsøger du altid at tage til forsamling hver dag?" "Gud kender og forstår selv det dybeste af dit hjerte, for han er alvidende og omnipotent. Så må du nødvendigvis bryde ud i højlydt bøn?"

Gud befaler dig at huske sabbatsdagen og holde den hellig (Anden Mosebog 20:8), forsøge at forsamles i Herrens navn (Hebræerbrevet 10:25), og at bede højlydt (Jeremias' Bog 33:3). Satan kan hverken friste eller skabe synd hos dem, som holder sig fuldstændig til Guds ord (Matthæusevangeliet 7:24-25).

Ligesom der står i Efeserbrevet 6:11: *"Ifør jer Guds fulde rustning, så I kan holde stand mod Djævelens snigløb."* Du må udstyre dig med Guds sande ord og modigt uddrive den fjendtlige djævel og Satan med tro.

Hvorfor placerede Gud kundskabens træ i Edens have?

Gud placerede ikke kundskabens træ i Edens have for at drive mennesket til destruktion, men for at give dem sand lykke. Uden af forstå hans dybe plan vil mange menneske misforstå Guds kærlighed og retfærdighed, og endda undlade at tro på Gud. De lever et kedeligt og livløst liv uden at finde den sande mening med deres tilværelse.

Hvorfor placerede Gud kundskabens træ i Edens have, og hvordan bringer dette dig store velsignelser?

Adam og Eva kendte ikke den sande lykke

Edens have var meget smuk og frodig udover din forestillingsevne. Gud lod alle slags træer vokse op af jorden. De var dejlige at se på og gode at spise af. Midt i haven stod livets træ og kundskabens træ (Første Mosebog 2:9).

Hvorfor placerede Gud kundskabens træ midt i haven sammen med livets træ, sådan at det var nemt at få øje på? Gud havde ingen intention om at lede mennesket på destruktionens vej ved at friste dem til at spise af træet. Det var Guds forsyn at lade os forstå relativiteten gennem kundskabens træ, sådan at vi kunne blive hans sande spirituelle børn, som kan føle hans hjerte.

Når man oplever tårer, sorg, fattigdom eller sygdom, kan man tænke, at Adam og Eva må have været meget lykkelige i Edens have, fordi de ikke oplevede smerter som tårer, sorg, fattigdom eller sygdom i denne verden. Ikke desto mindre kendte menneskene i Edens have hverken sand lykke eller sand kærlighed, fordi de ikke havde oplevet relativiteten.

Lad os tage et eksempel. Der er to drenge. Den ene er blevet født og vokset op i fattigdom, mens den anden er blevet født i overflod, og har nydt godt af dette. Hvis du giver hver af dem et meget dyrt legetøj i gave, hvordan vil de så hver især reagerer? Den dreng, som er vokset op i velstand, vil ikke være så taknemmelig, fordi han sjældent mærker legetøjets værdi. Omvendt vil den dreng, som er opvokset i fattigdom, være meget taknemmelig og anse legetøjet for at være meget værdifuldt.

Sand lykke kommer gennem relativitet

På samme måde er det dem, som oplever relativ frihed eller velstand, som kender og værdsætter sand lykke eller sand frihed.

Modsat i Edens have er der mange relative ting i denne verden. Hvis du ønsker at kende og nyde tingenes sande værdi, må du opleve deres relative værdi. Du kan ikke indse deres sande værdi fuldt ud, før du oplever deres modsatte aspekt. Hvis du for eksempel ønsker at opleve sand lykke, må du opleve ulykke. Hvis du ønsker at kende værdien af sand kærlighed, må du opleve had. Du kan ikke indse værdien af dit helbred fuldt ud, før du har smerter på grund af en sygdom eller dårligt helbred. Og du kan ikke indse værdien af evigt liv og vil ikke være taknemmelig overfor Gud Fader, som forbereder den gode himmel, før du forstår, at der er død og helvede.

Det første menneske Adam nød hvad som helst han havde lyst til at spise og havde autoritet til at bestyre alle ting i Edens have. Han opnåede alt dette uden smertefuld møje eller ansigtets sved. Af den grund udtrykte han ikke taknemmelighed overfor Gud, som gav ham alt dette, og han kendte ikke hans nåde og kærligheden i hans hjerte.

Senere var Adam ulydig overfor Guds befaling ved at spise frugten. Han var en levende ånd indtil da, men efter, han syndede, døde hans ånd, og han blev et kødeligt menneske. Han og hans kone blev uddrevet af Edens have og begyndte at leve på denne jord. Han begyndte at måtte udholde ting, som han aldrig havde oplevet i Edens have: Tårer, sorg, sygdomme, smerte, ulykke, død og så videre. Til sidst kom han til at opleve alt det, som er modsætningen til lykken i Edens have.

I denne proces forstod og følte Adam og Eva, hvad lykke eller ulykke er, og hvor værdifuld den frihed og velstand er, som Gud havde givet dem i Edens have.

Dit liv vil være meningsløst, hvis du lever evigt uden at vide, hvad lykke og ulykke er. Selv om du har strabadser nu, vil dit liv være mere værdifuldt og meningsfuldt, hvis du føler den sande lykke senere.

Selv om for eksempel forældre forventer, at deres børn vil være nødt til at arbejde hårdt med deres studier, vil de stadig lade deres børn gå i skole. Hvis de elsker deres børn, vil forældrene velvilligt hjælpe deres børn med det hårde arbejde og opleve en masse gode ting. Det samme er tilfældet med Gud Faders hjerte, som sendte mennesket til denne verden for at kultiverer dem til at være sande børn gennem mange forskellige slags oplevelser.

Af den grund placerede Gud kundskabens træ i Edens have, og forhindrede ikke Adam og Eva i at spise af det af deres egen frie vilje. Han planlagde alle ting sådan at mennesket kunne opleve alle slags glæder, vrede, sorg og behag i denne verden og blive hans sande børn gennem den menneskelige kultivering.

Gennem smertefulde oplevelser kunne de endelig forstå den sande værdi og mening med disse ting en efter en fra deres hjertes grund.

Da Guds børn vil have kendt eller følt den sande lykke gennem den menneskelige kultivering, vil de ikke bedrage Gud, sådan som det skete med Adam i Edens have, uanset hvor lang tid, der går. I stedet vil de elske ham mere og mere, blive fyldt med glæde og taknemmelighed, og ære ham stadigt mere.

Sand lykke i himlen

Guds børn, som har oplevet tårer, sorg, smerte, sygdomme,

død og lignende i denne verden, vil komme i den evige himmel og nyde evigtvarende lykke, kærlighed, glæde og taknemmelighed til evig tid. De vil føle glæden ved den perfekte lykke i himlen. I denne kødelige verden rådner og dør alting, men der er ingen råddenskab, død, tårer eller sorg i det evige himmelske rige. Guld betragtes som noget meget værdifuldt i denne verden, men alle veje i det nye Jerusalem i himlen er lavet af det pure guld. Himmelske huse er lavet af meget smukke og værdifulde juveler. Hvor er det smukt og vidunderligt!

Indtil jeg mødte Gud, havde jeg anset guld og juveler for at være det mest værdifulde, men derefter lærte jeg om den evige himmel, og jeg begyndte at anse denne verden for at være tom og værdiløs. Livet i denne verden er kun et øjeblik sammenlignet med det evige rige. Hvis du virkelig tror og håber på den evige himmel, vil du aldrig elske denne verden. I stedet vil du tænke på, hvad du kan og bør gøre for at redde endnu et mennesker, eller hvordan du kan missionere for alle mennesker i verden. Du vil samle belønninger sammen i himlen ved at give de bedst mulige gaver til Gud af hele hjertet uden at forsøge at samle rigdomme i denne verden.

Apostelen Paulus gik den hårde vej til enden med glæde og taknemmelighed, idet han så den tredje himmel, som Gud viste han i en vision. Han måtte udholde enorme strabadser som apostel for ikke-jøderne. Gud viste han den store skønhed i himlen og opmuntrede ham til at fortsætte til den bitre ende med håb om himlen. Han blev slået med stokke, pisket alvorligt, stenet, sat i fængsel med jævne mellemrum og gav sit hjerteblod, mens hans prædikede Herrens evangelium. På trods af alt dette vidste Paulus, at alle disse ting ville blive belønnet ubeskrivelig meget i himlen. Til sidst blev alle strabadserne til himmelske velsignelser.

Guds mennesker håber ikke i denne verden. De længes kun efter det himmelske rige. Denne verden er et øjeblik i Guds øjne, men livet i det himmelske rige er evigt. Der er hverken tårer, sorg, lidelse eller død i himlen. Så de kan leve med glædelig forhåbning om de belønninger, som Gud vil give dem i himlen, alt efter hvad de har gjort.

Derfor beder jeg i vor Herre Jesu Kristi navn om, at du vil forstå Gud Skaberens store kærlighed og forsyn, og forberede dig på at komme i himlen, sådan at du vil kunne nyde et evigt liv og sand lykke i den slående smukke og herlige himmel.

Kapitel 4

Den hemmelighed, som blev skjult før tidens begyndelse

- Adams autoritet blev overdraget
  til djævlen
- Loven for indløsning af land
- Den hemmelighed, som
  er blevet skjult før tidens begyndelse
- Jesus er kvalificeret ifølge loven

Dog, visdom taler vi om blandt de fuldkomne, men ikke en visdom, som er af denne verden eller fra denne verdens forgængelige herskere. Hvad vi taler om, er Guds hemmelige visdom, som var skjult, men som Gud allerede før tidernes begyndelse havde bestemt skulle føre os til herlighed. Den visdom har ingen af denne verdens herskere kendt, for havde de kendt den, ville de ikke have korsfæstet herlighedens Herre..

Første Korintherbrev 2:6-8

Adam og Eva blev fristet af slangen i Edens have, var ulydige overfor guds befaling og spiste af kundskabens træ, fordi de havde et ønske i deres sind om at være ligesom Gud. Som resultat blev de og alle deres efterfølgere syndere.

Fra et menneskeligt perspektiv forestiller man sig, at Adam og Eva må have været elendige, fordi de var blevet uddrevet af Edens have, og var nødsaget til at gå dødens vej. Spirituelt talt er det dog en Guds velsignelse, at de vil få mulighed for blive frelst, og nyde det evige liv og himmelske velsignelser gennem Jesus Kristus.

Gennem den menneskelige kultivering blev den hemmelighed, som havde været skjult fra før tidernes begyndelse, åbenbaret, og vejen til frelse blev åbnet på vid gab for alle nationer. Lad os dykke dybere ind i den hemmelighed, som er blevet skjult før tidens begyndelse, og undersøge hvordan vejen til frelse er blevet åbnet.

Adams autoritet blev overdraget til djævlen

I Lukasevangeliet 4:5-6 ser vi, at djævlen frister Jesus, som netop havde afsluttet en 40 dages faste:

Så førte Djævlen ham højt op og viste ham i ét nu alle jordens riger og sagde til ham: "Dig vil jeg give al denne magt og herlighed, for den er overgivet til mig, og jeg giver den, til hvem jeg vil."

Djævlen sagde, at han ville overdrage autoriteten til Jesus, fordi den var blevet ham overdraget fra nogen. Hvorfor tillod Gud, som hersker over alle ting, at autoriteten var blevet overdraget til djævlen?

Der står i Første Mosebog 1:28: *"Og Gud velsignede dem og sagde til dem: 'Bliv frugtbare og talrige, opfyld jorden, og underlæg jer den; hersk over havets fisk, himlens fugle og alle dyr, der rører sig på jorden.'"*

Adam fik autoritet og magt til at bestyre og herske over alle ting fra Gud. Han var alle tings herre, men efter lang tid blev han og hans kone bedraget til at spise fra kundskabens træ af den snedige slange. Han begik den synd at være ulydig overfor Gud.

Der står i Romerbrevet 6:16: *"Ved I ikke, at den, I stiller jer til rådighed for som trælle og viser lydighed, må I også være trælle for og vise lydighed, hvad enten det er synden, og det fører til død, eller det er lydighed, og det fører til retfærdighed?"* Du er slave for synd eller retfærdighed. Hvis du begår synder, er du slave for synden og vil blive ført til døden. Hvis du derimod adlyder retfærdighedens ord, vil du være slave for retfærdighed og komme i himlen.

Adam begik ulydighedens synd mod Gud, og blev slave af synden. Så han kunne ikke længere have autoriteten og magten, som Gud havde givet ham. Han måtte overdrage autoriteten og magten til djævlen, ligesom alle slavens ejendele naturligt tilhører hans herre. Kort sagt overdrog Adam den autoritet og magt, som Gud havde givet ham, til djævlen, fordi han syndede og blev slave af synden. Adams ulydighed resulterede i menneskehedens synder. Den var årsag til, at han og alle hans efterfølgere må tjene djævlen som slaver, og er dømt til at dø.

Loven for indløsning af land

Hvad må folk gøre for at slippe fri fra den fjendtlige djævel og Satan, og blive frelst fra synder og død? Nogle siger: "Gud tilgiver enhver betingelsesløst, for Gud er kærlighed. Han har en overflod af medfølelse og nåde." Ikke desto mindre står der i Første Korintherbrev 14:40: *"Men alt skal gå sømmeligt og ordentligt til."* Gud gør alt på en ordentlig måde i overensstemmelse med loven i det spirituelle rige. Gud gør ikke noget imod den spirituelle lov, for han er retfærdighedens og rimelighedens Gud.

I det spirituelle rige er der en lov om afstraffelse af synderne, som siger: *"Syndens løn er død."* Der er også en lov for indløsning af synd. Denne spirituelle lov bør anvendes for at genoprette den autoritet, som Adam overdrog til djævlen.

Og hvad er så loven for indløsning af synderne? Det er loven for indløsning af land ifølge det Gamle Testamente. Før tidens begyndelse havde Gud Fader i hemmelighed forberedt vejen til menneskelig frelse i overensstemmelse med denne lov.

Hvad er loven for indløsning af land?

Dette er Guds befaling til israelitterne i Tredje Mosebog 25:23-25:

> *Der må ikke sælges land uigenkaldeligt, for landet er mit; I er fremmede og tilflyttere hos mig. I hele det land, I ejer, skal I sørge for, at jorden kan indløses. Hvis det går dårligt for din landsmand, så ham må sælge af sin ejendom, skal den, der står ham nærmest, træde til og indløse, hvad hans slægtning har solgt.*

Et hvert stykke land tilhører Gud og kan ikke sælges permanent. Hvis nogen sælger sit land på grund af fattigdom, tillader Gud at han eller hans nærmeste slægtning indløser landet. Dette er loven om indløsning af land. Israels folk optegner kontrakterne og ifølge loven om indløsning, kan jorden ikke indløses permanent, når de sælger og køber landet.

Sælgeren og køberen nedskriver i detaljer indholdet af landkontrakten på certifikatet sådan at sælgeren eller hans nærmeste slægtning kan indløse det efter nogen tid. De får lavet en kopi af den og sætter begge deres segl på de to kontrakter foran to eller tre vidner. En kontrakt forsegles og gemmes i det hellige tempels lager. Den anden kontrakt opbevares i entreen, åben og uden segl. Loven for indløsning af landet tillader sælgeren og hans nærmeste slægtning at indløse landet til enhver tid.

Loven for landets indløsning og den menneskelige frelse

Hvorfor forberedte Gud vejen til menneskelig frelse i overensstemmelse med loven for indløsning af land. Første Mosebog 3:19 og 23 fortæller os klart, at loven om indløsning af landet har en direkte forbindelse med menneskelighedens frelse:

I dit ansigts sved skal du spise dit brød, indtil du vender tilbage til jorden, for af den er du taget. Ja, jord er du, og til jord skal du blive. (Første Mosebog 3:19).

Så sendte Gud Herren dem ud af Edens have til at dyrke agerjorden, som de var taget af. (Første Mosebog 3:23).

Gud sagde til Adam efter hans ulydighed: "Ja, jord er du, og til jord skal du blive." Her symboliserer "jord" at mennesket er skabt af jord. Derfor skal de vende tilbage til jorden. Og derfor bliver mennesket til jord efter døden.

Loven om indløsning af land siger, at alt land er Guds, og ikke må sælges permanent (Tredje Mosebog 25:23-25). Disse vers betyder, at alle mennesker, som er lavet af jord, tilhører Gud og ikke kan sælges permanent. Det betyder også, at den autoritet og magt, som Adam havde fået af Gud i Edens have, ikke kan blive solgt permanent, idet de tilhører Gud.

Adams autoritet blev overdraget til den fjendtlige djævel og Satan, men han, som er den rette til at indløse Adams mistede autoritet, genvinder den fra den fjendtlige djævel.

Ligeledes er retfærdighedens Gud forudbestemt som en perfekt forløser ifølge loven om indløsning af land. Denne forløser er alle menneskers Frelser.

Den hemmelighed, som er blevet skjult før tidens begyndelse

Før tidens begyndelse vidste kærlighedens Gud at Adam ville være ulydig overfor ham og at alle hans efterkommere ville falde ind på dødens vej. Han forberedte vejen til menneskelig frelse i hemmelighed og skjulte den, indtil det tidspunkt oprandt, som han havde valgt.

Hvis djævlen havde kendt Guds veje, ville han have hindret Gud i at udløse alle menneskers synd og død, sådan at han ikke ville miste sin autoritet. I Første Korintherbrev 2:7 står der: *"Hvad vi taler om, er Guds hemmelige visdom, som var skjult, men som Gud allerede før tidernes begyndelse havde bestemt skulle føre os til herlighed."*

Jesus Kristus, Guds visdom

I Romerbrevet 5:18-19 står der: *"Ligesom en enkelts fald blev til fordømmelse for alle mennesker, sådan er en enkelts retfærdige gerning også blevet til retfærdighed og liv for alle mennesker. For ligesom mange er blevet syndere ved det ene menneskes ulydighed, sådan skal også de mange blive retfærdige ved én eneste lydighed."*

Alle mennesker skulle blive retfærdige og blive frelst gennem ét menneskes lydighed, ligesom alle mennesker blev syndere og faldt ind på dødens vej på grund af ét menneskes ulydighed. På samme måde sendte Gud Jesus Kristus, som han i hemmelighed havde forberedt som vejen til frelse, og han lod Jesus korsfæste og genopstå. Fra da af vil enhver, som tror på ham, blive frelst. I Første Korintherbrev 1:18 fortæller Gud os at: *"For vel er ordet om korset en dårskab for dem, der fortabes, men for os, der frelses, er det Guds kraft."*

Det lyder som en dårskab for nogle mennesker, at Gud den almægtiges søn blev hånet og dræbt af hans skabninger. Ikke desto mindre er denne "tåbelige" plan langt klogere end de klogeste menneskelige planer, og Guds "svaghed" er langt stærkere end den største menneskelige styrke (Første Korintherbrev 1:19-24). Bibelen forklarer eksplicit, at ingen kan retfærdiggøres i Guds øjne ved at overholde loven. Dog åbnede Gud vejen til Frelse for alle, som tror på Jesus Kristus på denne lette måde.

Syndens løn er død. Men der er ikke nogen, som kunne være blevet frelst, hvis ikke Jesus havde døet for vores synder. Jesus blev korsfæstet for vores synder, og genopstod ved Guds kraft. Ligeledes forberedte Gud den vej, der måske forekommer svag eller tåbelig, og gemte den i lang tid.

Gud havde gemt Jesus Kristus og hans korsfæstelse, fordi den fjendtlige djævel og Satan ville have hindret vejen til menneskelig frelse, hvis de havde kendt til den. Djævlen ville aldrig havde dræbt Jesus på korset, hvis han havde vidst, at Gud havde forberedt vejen til frelse gennem korset for at indløse alle mennesker fra synder, redde dem fra døden og genvinde Adams autoritet fra Djævlen. Husk igen Første Korintherbrev 2:7-8: *"Hvad vi taler om, er Guds hemmelige visdom, som var skjult, men som Gud allerede før tidernes begyndelse havde bestemt skulle føre os til herlighed. Den visdom har ingen af denne verdens herskere kendt, for havde de kendt den, ville de ikke have korsfæstet herlighedens Herre."*

Jesus er kvalificeret ifølge loven

Ligesom enhver kontrakt har sine regulativer, så har også det spirituelle rige en regel, som dikterer, at udløseren må være kvalificeret til at genvinde Adams mistede autoritet fra djævlen ifølge loven om indløsning af land.

Lad os for eksempel antage, at en mand går fallit med sin virksomhed. Han har en stor gæld, men har ikke mulighed for at afbetale den. Hvis han har en velhavende bror, som elsker ham, vil hans bror betale al hans gæld med det samme.

Alle mennesker, som er syndere siden Adams fald, har behov for en udløser, som er kvalificeret til at rense dem fra synd. Men hvad er så forløserens kvalifikationer? Hvorfor siger Bibelen, at kun Jesus er kvalificeret?

For det første må udløseren være et menneske

I Tredje Mosebog 25:25 står der: *"Når det går dårligt for din landsmand, så han må sælge af sin ejendom, skal den, der står ham nærmest, træde til som løser og indløse, hvad hans slægtning har solgt."* Loven om indløsning siger, at hvis en mand bliver fattig og sælger sin ejendom, så kan hans nærmeste slægtning forløse alt, hvad hans sælger.

I Første Korintherbrev 15:21-22 står der: *"Fordi døden kom ved et menneske, er også de dødes opstandelse kommet ved et menneske. For ligesom alle dør med Adam, skal også alle gøres levende ved Kristus."* Den første kvalifikation ved den forløser, som kan genoprette Adams autoritet, er at ham må være menneske. Dette faktum beskrives igen i detaljer i Johannes-åbenbaringen 5:1-5:

Og jeg så i højre hånd på ham, der sad på tronen, en bogrulle med skrift på indersiden og på ydersiden, forseglet med syv segl. Og jeg så en mægtig engel, som med høj røst udråbte: "Hvem er værdig til at åbne bogen og bryde dens segl?" Men ingen i himlen eller på jorden eller under jorden kunne åbne bogen og se i den. Jeg græd meget, fordi der ikke fandtes nogen, som var værdig til at åbne bogen og se i den. Men en af de ældste sagde til mig: "Græd ikke! For Løven af Judas stamme, Davids rodskud, har sejret, så han kan åbne bogen med dens syv segl."

"En bogrulle med skrift på indersiden og på ydersiden, forseglet med syv segl" indikerer en kontrakt, som er blevet lavet mellem Gud og djævlen, da Adam var ulydig overfor Gud og blev en synder. Apostlen Johannes kunne ikke finde nogen, som var værdig til at bryde seglet og åbne bogrullen i himlen eller på jorden, eller under jorden. Det skyldes, at himlens engle ikke er mennesker, alle mennesker på jorden er syndere som Adams efterfølgere, og under jorden er der kun onde ånder, som tilhører djævlen og de døde sjæle, som vil falde i helvede.

På dette tidspunkt sagde en af de ældste til Johannes: *"Græd ikke! For Løven af Judas stamme, Davids rodskud, har sejret, så han kan åbne bogen med dens syv segl."* Her henviser "Davids rodskud" til Jesus, som blev født som efterkommer af Kong David i Judas' stamme (Apostlenes Gerninger 13:22-23). Derfor er Jesus kvalificeret i forhold til den første betingelse i loven om indløsning af land.

Nogle vil måske sige: "Gud er det absolutte. Jesus er helt sikkert Gud, idet han er Guds søn. Han er ikke et menneske." Husk dog på, at der står i Johannesevangeliet 1:1 at *"Ordet var Gud,"* Og i Johannesevangeliet 1:14 at: *"Ordet blev til kød, og tog bolig iblandt os."* Gud, som var ordet, blev kød og levede her på jorden mellem os.

Det var Jesus, hvis væsen oprindelig var Gud, som blev kød ligesom mennesket. Han var ordet i sit væsen og Guds søn. Han havde menneskelighed og guddommelighed. Ikke desto mindre var han blevet født og vokset op med menneskelig lighed i kødet. Menneskets historie er delt i to dele omkring Jesu fødsel: F.Kr., før Kristus og e.Kr., efter Kristus. Dette alene bevidner, at Jesus blev kød og kom ned til denne jord. Jesu fødsel, opvækst og korsfæstelse er også dele af dette åbenlyse faktum.

Jesus er derfor et menneske og er kvalificeret til at være vores forløser.

For det andet må han ikke være Adams efterfølger

En skyldner kan ikke betale af på andre menneskers gæld. Den, som ikke har nogen gæld, og er i stand til at hjælpe andre, kan betale den af. På samme måde må alle menneskers forløser være skyldsløs og pletfri for at indløse alle mennesker fra synder og død. Alle mennesker er Adams efterfølgere, og syndere fordi den første forfader for alle mennesker, Adam, syndede. Ingen af hans efterfølgere er kvalificeret til at være forløser for alle mennesker, fordi de selv er syndere. Selv de største mennesker i historien kan ikke være ansvarlige for andres synder.

Har Jesus denne kvalifikation?

Matthæusevangeliet 1:18-21 beskriver Jesu fødsel. Han blev undfanget af Helligånden, ikke gennem forening af en mand og en kvinde. Der står i verset:

Med Jesu fødsel gik det sådan til: Hans mor Maria var forlovet med Josef, men før de havde været sammen, viste det sig, at hun var blevet med barn ved Helligånden. Hendes mand Josef var retsindig og ønskede ikke at bringe hende i vanry, men besluttede at skille sig fra hende i al stilhed. Mens han tænkte på dette, se, da viste Herrens engel sig for ham i en drøm og sagde: "Josef, Davids søn, vær ikke bange for at tage Maria til dig som hustru; for det barn, hun venter, er undfanget ved Helligånden. Hun skal føde en søn, og du skal give ham navnet Jesus; for han skal frelse sit folk fra deres synder."

Jesus var Davids efterkommer ifølge hans genealogi (Matthæusevangeliet 1; Lukasevangeliet 3:23-37). Ikke desto mindre blev han undfanget ved Helligånden inden Maria forenede sig med Josef. Derfor havde han ikke en syndefuld natur.

Alle fødes med arvesynden, fordi de arver den syndefulde natur fra deres forældre. Med andre ord har Adam, efter at han syndede, videregivet sin syndefulde natur til alle sine efterfølgere. Den syndefulde natur er blevet nedarvet til alle mennesker indtil i dag, og denne synd kaldes "arvesynden." Af den grund er alle efterkommere af Adam syndere, og de kan ikke forløse andre mennesker.

Således havde Gud Faderen planlagt, at hans søn Jesus skulle undfanges ved Helligånden i Jomfru Marias skød. På denne måde blev Jesus kød, og kom ned til denne verden, men var ikke efterkommer af Adam.

For det tredje må ham have kraft til at overkomme djævlen

Som der står i Tredje Mosebog 25:26-27:

Den, som ingen løser har, men selv skaffer tilstrækkeligt til indløsningen, skal regne ud, hvor mange år der er gået siden salget, og betale for den resterende tid til den mand, han har solgt til; så kan han vende tilbage til sin ejendom.

Kort sagt skal en indløser havde styrke til at tilbagekøbe det solgte land. En fattig man kan ikke tilbagebetale sin vens gæld selv om han ønsker at gøre det. På samme måde må forløseren ikke have nogen synder for at være i stand til at redde alle mennesker fra deres synder. At være fri for synder er en styrke i det spirituelle rige.

Forløseren må have styrke til at overvinde den fjendtlige djævel og Satan, og til at genoprette Adams mistede autoritet. Det vil sige, at Forløseren hverken må have arvesynd eller selv have syndet. Kun en syndefri forløser kan overvinde djævlen og frigøre alle mennesker.

Var Jesus syndefri?

Jesus havde ikke nogen arvesynd, idet han blev undfanget af Helligånden. Han adlød Guds lov fuldt ud, idet han voksede op under kontrol af sine forældre, som var gudfrygtige mennesker. Han opfyldte loven med kærlighed. Han blev omskåret på ottende dag efter sin fødsel (Lukasevangeliet 2:21). Han begik aldrig selv synder, og adlød Guds Faders vilje indtil han blev korsfæstet i en alder af 33 år (Første Petersbrev 2:22-24; Hebræerbrevet 7:26).

Jesus kunne overvinde djævlen og kunne forløse alle mennesker, fordi han overhovedet ikke havde nogen synd. Hans syndefrihed blev bevidnet gennem hans mange kraftfulde gerninger. Han uddrev dæmoner, fik blinde til at se, døve til at høre, lamme til at gå, og helbredte mange uhelbredelige sygdomme. En kraftig storm lagde sig og en voldsom vind stoppede, da han truede af vinden og sagde til vandet: *"Ti stille, hold inde!"* (Markusevangeliet 4:39).

Endelig må han have offerkærlighed

Selv en rig mand ville ikke indløse landet, hvis han ikke havde kærlighed til den mand, som havde solgt det. På samme måde må forløseren havde kærlighed til synderne i sådan grad, at han vil ofre sig selv for at løse syndens problem en gang for alle.

I Ruths Bog 4:1-6 var Boaz bevidst om No'omis fattigdom, og sagde til hendes nærmeste slægtninge, en indløser, at han kunne indløse hendes land, hvis han ønskede det. Men manden undslog sig og sagde til Boaz: *"Jeg kan ikke indløse, for jeg vil ikke skade min ejendom. Du må indløse, hvad jeg skulle indløse, for jeg kan ikke gøre det."* (vers 6).

Han indløste ikke landet for No'omi og Ruth, selv om han var rig nok til at gøre det. Det skyldtes, at han ikke havde offerkærlighed. Boaz var trods alt den nærmeste indløser, idet han havde offerkærlighed. Boaz blev den legale indløser, og giftede sig med Ruth, fordi han havde nok kærlighed til at indløse landet for No'omi. Den søn, som Boaz og Ruth fik sammen, var oldefar til Kong David og er optegnet i Jesu slægtshistorie.

Jesus blev korsfæstet i kærlighed. Jesus var ordet, men blev kød og kom til denne verden. Han var ikke efterkommer af Adam, idet han blev undfanget ved Helligånden. Så han blev født uden arvesynd. Han havde kraft til at forløse alle mennesker fra deres synder, idet han selv var syndefri.

Ikke desto mindre kunne han ikke være blevet forløser uden en spirituel offerkærlighed, selv om han havde haft de tre andre kvalifikationer. Han måtte betale syndernes bøde, som synderne var blevet idømt, for at forløse alle mennesker fra synd. Han blev behandlet som en seriøs og farlig forbryder, og blev hængt op på et knudret trækors. Han blev hånet, og udgød blod og vand fra sin krop for at redde alle mennesker. Han måtte betale en høj pris, og gøre et stort offer.

Man kan ikke på noget tidspunkt i den menneskelige historie finde andre eksempler på, at en skyldsfri prins har døet for sit onde og uvidende folk. Jesus er den enbårne søn af Gud den almægtige, kongernes konge, herrernes Herre, og hele skabelsens hersker. En så stor, nobel og skyldsfri Jesus blev hængt på korset og døde mens han udgød sit blod. Hvor umådelig må hans kærlighed til os være?

Rent faktisk gjorde Jesus kun gode gerninger gennem hele sit liv. Han gav synderne tilgivelse, helbredte alle slags sygdomme, forløste mange mennesker fra dæmoner, videregav det gode budskab om fred, glæde og kærlighed, og gav mennesker håb om himlen og om frelse. Og frem for alt gav han sit eget liv for synderne.

I Romerbrevet 5:7-8 står der: *"Der er næppe nogen, som vil gå i døden for en retfærdig; måske vil man vove livet for en, som er god; Men Gud viser sin kærlighed til os ved at Kristus døde for os, mens vi endnu var syndere."*

Gud Fader sendte sin enbårne søn Jesus til os, som hverken er retfærdige eller gode, og lod ham blive hængt på korset og dø der. Han demonstrerede sin store kærlighed på denne måde.

Derfor beder jeg i Herrens navn om at du må forstå, at du ikke kan blive frelst på nogen anden måde end i Jesu Kristi navn, du kan få retten til at blive Guds barn ved at tage imod Jesus Kristus, og vil nyde et triumferende liv med sikkerhed om frelse!

Kapitel 5

HVORFOR ER JESUS VORES ENESTE FRELSER?

- Forsynet ved frelsen gennem
  Jesus Kristus
- Hvorfor blev Jesus hængt op på
  et trækors?
- Der er intet andet navn i verden
  en "Jesus Kristus"

Jesus er den sten, som blev vraget af jer bygmestre, men som er blevet hovedhjørnestenen. Og der er ikke frelse i nogen anden, ja, der er ikke givet mennesket noget andet navn under himlen, som vi kan blive frelst ved.

Apostlenes Gerninger 4:11-12

Du vil elske Gud af hele dit hjerte, når du indser hans dybe og opmærksomme forsyn for den menneskelige kultivering. Desuden må du beundre hans kærlighed og visdom, når du indser forsynet i frelsen gennem Jesus Kristus.

Hvordan blev dette forsyn for frelse, som er blevet skjult før tidens begyndelse, opnået gennem Jesus Kristus? Jeg fortalte dig tidligere, at retfærdighedens Gud havde forberedt en, som var kvalificeret til at forløse alle mennesker i overensstemmelse med den spirituelle lov, og at der ikke er nogen anden end Jesus under himlen, som har levet op til den kvalifikation. Jesus er den eneste ene, som var et menneske, men som ikke var efterkommer til Adam, fordi han blev undfanget ved Helligånden og kom til jorden iklædt kød. Desuden havde han styrken og kærligheden til at forløse alle mennesker. Så han kunne åbne vejen til frelse for alle mennesker ved at blive korsfæstet.

Derfor står der i Apostlenes Gerninger 4:12: *"Og der er ikke frelse i nogen anden, ja, der er ikke givet mennesket noget andet navn under himlen, som vi kan blive frelst ved."* Enhver der tager imod og tror på Jesus Kristus er tilgivet al synd, og frelst. Han vil komme ud af mørket til lyset, og modtage autoritet og velsignelse som Guds barn.

Nu vil jeg forklare dig, hvorfor du må tro på Jesus, som blev korsfæstet for at du kunne blive frelst og modtage autoritet og velsignelser som Guds barn.

Forsynet ved frelsen gennem Jesus Kristus

Gud forberedte vejen til frelse før tidens begyndelse. Første Mosebog profeterede om Jesus og hemmeligheden om menneskehedens frelse gennem korset.

I Første Mosebog 32:14-15 står der:

> *Da sagde Gud Herrens til slangen: "Fordi du har gjort dette, skal du været forbandet blandt alt kvæg og blandt alle vilde dyr. På din bug skal du krybe, og støv skal du æde, alle dine dage. Jeg sætter fjendskab mellem dig og kvinden, mellem dit afkom og hendes: Hendes afkom skal knuse dit hoved, og du skal bide hendes afkom i hælen.""*

Som tidligere diskuteret henviser "slangen" rent spirituelt til den fjendtlige djævel og "at spise støv" symboliserer, at den fjendtlige djævel regerer over mennesker, som er lavet af støv fra jorden. Desuden betyder "kvinde" Israel, og "hendes afkom" henviser til Jesus. Sætningen: "Du [slangen] skal bide hendes afkom i hælen" symboliserer at Jesus vil blive korsfæstet og "Hendes afkom skal knuse dit [slangens] hoved" betyder at Jesus ville bryde den fjendtlige djævels og Satans lejr ved at genopstå fra de døde.

Satan kunne ikke gennemskue Guds plan

Gud havde skjult dette forsyn for frelse i hemmelighed, sådan at den fjendtlige djævel og Satan ikke skulle kende den og forstå hans visdom.

Den fjendtlige djævel og Satan forsøgte at dræbe kvindens afkom, før de fik knust hovedet. Djævlen troede, at han til evig tid kunne have den autoritet, som var blevet overdraget fra Adam, som havde været ulydig overfor Gud. Ikke desto mindre vidste den fjendtlige djævel og Satan ikke, hvem kvindens afkom var. Derfor forsøgte han at dræbe de profeter, som var elsket af Gud på tiden for det gamle testamente.

Da Moses blev født, fik den fjendtlige djævel og Satan Faraoen, Egyptens konge, til at dræbe alle drenge født af hebræiske kvinder (Anden Mosebog 1:15-22). Da Jesus blev undfanget af Helligånden og kom til jorden i kød, fik den fjendtlige djævel og Satan Kong Herodes til at gøre det samme.

Ikke desto mindre kendte Gud allerede den fjendtlige Satans plan. En af Herrens engle viste sig for Josef i en drøm, og fortalte ham at han skulle tage til Egypten med spædbarnet og moderen. Gud lod familien leve dér indtil Kong Herodes døde.

Jesu korsfæstelse var tilladt af Gud

Jesus voksede op under Guds beskyttelse, og begyndte sit virke i en alder af 30 år. Han tog rundt i Galilæa, underviste i synagogerne, helbredte alle slags sygdomme og alle slags lidelser blandt mennesker, vækkede de døde til live og prædikede budskabet for de fattige (Matthæusevangeliet 4:23; 11:5).

Imens lagde den fjendtlige djævel og Satan igen planer for at få ypperstepræsterne, lovens lærere, og farisæerne til at dræbe Jesus. Men som du ved gennem Bibelen, kunne et ondt menneske end ikke røre Jesus, fordi alle hændelser i hans liv fandt sted gennem Guds forsyn.

Gud tillod den fjendtlige djævel og Satan at korsfæste Jesus tre år efter begyndelsen af hans virke. Som resultat bar Jesus en tornekrone og døde på korset lidende en stor smerte, idet han var blevet sømmet fast gennem hænder og fødder. Korsfæstelse er den mest ondskabsfulde henrettelsesmetode. Den fjendtlige djævel var yderst tilfreds, efter at han havde dræbt Jesus på denne ondskabsfulde måde. Satan sang af glæde over sejren, idet han troede, at han ville beholde regeringsmagten over verden, fordi der ikke ville være nogen, som kunne hindre hans regime. Men der var dog Guds hemmelige forsyn.

Den fjendtlige djævel brød den spirituelle lov

Gud benytter ikke sin absolutte enevældige magt mod loven, idet han er retfærdig. Han forberedte vejen til frelse ved den spirituelle lov før tidens begyndelse, for han udfører alt ved den spirituelle lov.

Da syndens løn er død ifølge den spirituelle lov (Romerbrevet 6:23) er der ikke nogen, der møder døden, hvis ikke han har syndet. Ikke desto mindre korsfæstede den fjendtlige djævel og Satan Jesus, som var syndefri og uplettet (Første Petersbrev 2:22-23). Ved at gøre dette brød den fjendtlige djævel den spirituelle lov og blev bedraget af sit eget trick. Han blev et instrument til den menneskelige frelse, som var blevet planlagt af Gud. Kvindens afkom havde knust hans hoved som profeteret i Første Mosebog.

Generelt kan en slange stadig gøre modstand selv om du træder på dens hale eller skærer dens krop af, men den kan ikke gøre modstand, hvis du holder dens hoved. Derfor betyder frasen: *"Jeg sætter fjendskab mellem dig og kvinden, mellem dit afkom og hendes: Hendes afkom skal knuse dit hoved, og du skal bide hendes afkom i hælen."* rent spirituelt, at den fjendtlige djævel vil miste sin magt og autoritet på grund af Jesus Kristus. At slangen bider kvindens afkom i foden betyder spirituelt set, at Satan vil korsfæste Jesus, og dette blev fuldført som det var forudsagt i Første Mosebog 3:15.

Frelse gennem Jesu korsfæstelse

Den vej til frelse, som var blevet skjult af Gud før tidens begyndelse, blev fuldført da Jesus genopstod på tredje dag efter sin korsfæstelse.

For ca. 6000 år siden måtte Adam overdrage den autoritet, som han havde fået af Gud, til den fjendtlige djævel, idet han brød loven i det spirituelle rige ved sin ulydighed (Lukasevangeliet 4:6). Ikke desto mindre måtte Satan efter 4000 år gå destruktionens vej, fordi han brød den spirituelle lov.

Derfor måtte den fjendtlige djævel sætte dem fri, som tog imod Jesus som deres frelser og troede på hans navn, og de modtog retten til at blive børn af Gud. Ville den fjendtlige djævel havde korsfæstet Jesus, hvis han havde kendt til Guds visdom? Overhovedet ikke! I Første Korintherbrev 2:8 bliver vi mindet om at: *"Den visdom har ingen af verdens herskere kendt, for havde de kendt den, ville de ikke have korsfæstet herlighedens Herre."*

De, som nu om dage ikke forstår dette faktum, undrer sig også over: "hvorfor kunne Gud den almægtige ikke beskytte sin søn fra døden? Hvorfor lod han ham lide på korset?" Men hvis du for alvor forstod korsets forsyn, ville du vide, hvorfor Jesus måtte korsfæstes, og hvordan kan kunne blive kongernes konge og herrernes Herre efter sin triumferende sejr over den fjendtlige djævel. Det betyder, at enhver, som tror på Jesus som frelseren, der døde på korset, og genopstod tre dage senere for at forløse mennesket fra alle synder, kan blive erklæret retfærdig og kan blive frelst.

Hvorfor blev Jesus hængt op på et trækors?

Hvorfor skulle Jesus så hænges på et trækors? Hvorfor skulle det være et trækors? Mellem de adskillige henrettelsesmetoder, som findes, skulle Jesus netop dø på et trækors. Ifølge Galaterbrevet 3:13-14 er der tre spirituelle årsager til, at Jesus blev hængt på et trækors.

For det første for at forløse os fra lovens forbandelse

I Galaterbrevet 3:13 står der: *"Kristus har løskøbt os fra lovens forbandelse ved selv at blive en forbandet for vor skyld - der står jo skrevet: 'Forbandet er enhver, der hænger på et træ.'"* Det forklarer, at Jesus forløste os fra lovens forbandelse ved at blive hængt på et trækors. Alle mennesker var forbandet og dermed bestemt til at gå dødens vej på grund af den første menneske Adams ulydighed, som der står skrevet i Romerbrevet 6:23: *"syndens løn er død."* Ikke desto mindre gav Gud sin søn Jesus til menneskeheden, og tillod ham at blive hængt på et trækors for at forløse menneskene fra deres forbandelse gennem loven (Femte Mosebog 21:23).

Desuden udgød Jesus sit dyrebare blod på korset. Se vers 11 og 14 i Tredje Mosebog 17:

> *"For kødets liv er blodet, og det har jeg givet jer til at komme på alteret for at skaffe soning for jer; det er blodet, der skaffer jer soning, fordi det er livet" (vers 11).*

> *"For blodet er livet i alt kød; det er dets liv..." (vers 14).*

Tredje Mosebog skriver, at livet er blod, fordi ethvert kreatur behøver blod for at leve, og ville dø uden det.

Men når man dør, vil kødet gå tilbage til støvet, og sjælen vil enten komme i himlen eller helvede. For at opnå evigt liv må du få tilgivelse for alle dine synder. For at få tilgivelse for dine synder må der være blodsudgydelser som dikteret i Hebræerbrevet 9:22: *"Ja, efter loven bliver næsten alt renset med blod, og der finder ingen tilgivelse sted, uden at der udgydes blod."* Af den grund måtte folk under tiden for det Gamle Testamente ofre dyr når som helst, de havde syndet. Men Jesus udgød sit dyrebare blod en gang for alle for at lade menneskene få tilgivelse og opnå det evige liv, fordi han selv hverken havde arvesynd eller havde begået synder. Ligeledes kan du opnå evigt liv på grund af Jesu dyrebare blod. Det skyldes, at Jesus døde i dit sted og åbnede vejen for, at du kan blive Guds barn.

For det andet for at give Abrahams velsignelse

I første halvdel af Galaterbrevet 3:14 står der at: *"For at velsignelsen til Abraham kunne nå ud til hedningene."* Dette betyder, at Gud giver de velsignelser, som Abraham fik, ikke kun til israelitterne, men også til alle de ikke-jøder, som erklæres retfærdige ved at tage imod Jesus som deres frelser.

Abraham blev kaldt "troens fader" og "Guds ven", og han levede i en velsignelse af børn, helbred, langt liv, velstand og så videre. Grunden til, at Abraham i den grad blev velsignet i overflod, er nedskrevet i Første Mosebog 22:15-18:

> *Herrens engel råbte igen til Abraham fra himlen: "Jeg sværger ved mig selv, siger Herren: Fordi du har handlet sådan og ikke nægtet mig din eneste søn, vil jeg*

*velsigne dig og gøre dine efterkommere så talrige som
himlens stjerner og som sandet ved havets bred. Dine
efterkommere skal erobre fjenders porte. Alle jordens
folk skal velsigne sig i dit afkom, fordi du adlød mig."*

Abraham adlød, da Gud sagde til ham: *"Forlad dit land og
din slægt og din fars hus, og drag til det land, jeg vil vise dig."*
(Første Mosebog 12:1). Han adlød også uden at undskylde sig
eller klage, da Gud sagde: *"Tag Isak, din eneste søn, ham du
elsker, og begiv dig til Morija-landet. Der skal du bringe ham
som brændoffer på det bjerg, jeg giver dig besked om."* (Første
Mosebog 22:2). Dette var muligt for Abraham, fordi han troede
Gud, som kunne genoplive de døde (Hebræerbrevet 11:19).
Han var i stand til at blive velsignet og blive en fader i troen,
fordi han havde så stærk tro.

Guds børn, som tager imod Jesus som deres frelser, skal derfor
have Abrahams tro. Du vil være i stand til at ære Gud ved at
modtage jordens velsignelser.

For det tredje, for at give løftet om ånden

I den anden halvdel af Galaterbrevet 3:14 står der: *"For at vi
ved troen kunne få Ånden, der var lovet os."* Dette betyder, at
enhver, som tror, at Jesus døde på trækorset for alle mennesker, er
frisat fra lovens forbandelse og modtager løftet om Helligånden.
Desuden vil enhver, som tager imod Jesus som frelser, modtage
autoritet som Guds barn, og Helligånden som gave og forsikring
(Johannesevangeliet 1:12 og Romerbrevet 8:16).

Når du modtager Helligånden, kan du kalde Gud "Abba, Fader" (Romerbrevet 8:15), dit navn bliver skrevet i livets bog i himlen (Lukasevangeliet 10:20), og du vil have borgerskab i himlen (Filipperbrevet 3:20). Det skyldes at Helligånden, som er Guds hjerte og styrke, leder dig til det evige liv ved at hjælpe dig med at forstå Guds ord og at leve i overensstemmelse med hans ord med tro.

Ikke desto mindre vil du blive frelst, når du ikke kun anerkender Jesus som din frelser, men også tror i dit hjerte, at han brød dødens autoritet og genopstod. Romerbrevet 10:9 skriver desangående: *"For hvis du med din mund erkender, at Jesus er Herren, og i dit hjerte tror, at Gud har oprejst ham fra de døde, skal du frelses."*

Før tidens begyndelse har Gud lagt en stor plan for at forene sig med dem, som vil tro på Jesus som frelseren, og føre dem til frelse. Denne plan er meget underfuld og mystisk. Mennesker måtte gå dødens vej på grund af det første menneskes synd ifølge loven i det spirituelle rige, som hævder at "syndens løn er død." Ikke desto mindre kunne de sættes fri fra lovens forbandelse og frelses af troen ved den samme lov på grund af Satans overtrædelse af det spirituelle riges lov.

Mennesket måtte lide af smerter, problemer og død, som den fjendtlige djævel havde bragt med sig, da de blev slaver af synden på grund af ulydighed. Men enhver, som tager imod Jesus som frelseren og modtager Helligånden, kan opnå frelse, evigt liv, genopstandelse og en overflod af velsignelser.

Privilegier og velsignelser som gives til Guds børn

Enhver, som åbner sit hjerte og tager imod Jesus Kristus bliver tilgivet, modtager retten til at blive Guds barn, og nyder fred og glæde i sit hjerte. Dette er muligt, fordi Jesus tog alle vores synder en gang for alle ved sin korsfæstelse. Som der står i Salmernes Bog 103:12: *"Så langt som øst ligger fra vest, så langt har han fjernet vore synder fra os."* Der står også i Hebræerbrevet 10:16-18 at: *"'Sådan er den pagt, jeg vil slutte med dem, når de dage kommer, siger Herren: Jeg lægger mine love i deres hjerter og skriver dem i deres indre. Jeg husker ikke længere på deres synd og på deres lovbrud.' Men når synden er tilgivet, er der ikke længere brug for syndoffer."*

Der er ikke noget i verden, som fortjener at blive sammenlignet med den ret, som Guds børn får ved troen. I denne verden har børn af konger eller præsidenter stærke rettigheder. Hvor storslåede rettigheder har så ikke børnene af Gud Skaberen, som regerer over verden og hersker over den menneskelige historie og universet?

Gud anser det ikke for sand tro, hvis du blot siger: "Jesus er Frelseren." Du bør forstå, hvem Jesus Kristus er, hvorfor han er den eneste frelser for dig, og have sand tro på basis af denne viden. Med denne sande tro kan du så indse Guds forsyn skjult i korset, og bevidne: "Herren er Kristus og søn af den levende Gud." Desuden kan du leve i overensstemmelse med Guds vilje. Uden denne sande tro er det meget vanskeligt for dig at have tro, som kommer fra hjertet og leve i overensstemmelse med Guds ord. Det er derfor som Jesus fortalte os i Matthæusevangeliet

7:21: *"Ikke enhver, som siger: Herre, Herre! til mig, skal komme ind i Himmeriget, men kun den, der gør min himmelske faders vilje."* Jesus erklære eksplicit, at kun de mennesker, som siger til Jesus "Herre, Herre" og som lever efter Guds ord og vilje, kan blive frelst.

Der er intet andet navn i verden en "Jesus Kristus"

Apostlenes Gerninger 4 portrætterer en scene, hvor Peter og Johannes frimodigt forkynder i Jesu Kristi navn foran folkets ledere. De troede oprigtigt, at der ikke var noget andet navn udover "Jesus Kristus" hvorved mennesket kunne opnå frelse, og Peter, som var fyldt med Helligånden, fik kraft til at proklamerer at: *"der er ikke frelse i nogen anden, ja, der er ikke givet mennesket noget andet navn under himlen, som vi kan blive frelst ved."* (Apostlenes Gerninger 4:12).

Hvilke spirituelle implikationer er der i navnet "Jesus Kristus"? Og hvorfor har Gud ikke givet os noget andet navn end Jesus Kristus hvorved vi kan opnå frelse?

Forskellen mellem "Jesus" og "Jesus Kristus"

Apostlenes Gerninger 16:31 fortæller os, at vi skal *"Tro på Herren Jesus, så skal du og dit hus blive frelst"*. Der er en væsentlig grund til, at der står "Herren Jesus", og ikke kun "Jesus". Her henviser "Jesus" til et menneske, som vil redde sit folk fra deres synder. "Kristus" er er græsk ord, som betyder "Messias" på hebræisk. Det er "den, som var salvet" (Apostlenes Gerninger 4:27) og henviser til frelseren, som er formidleren mellem Gud og mennesket. Det vil sige, at "Jesus" er navnet på den fremtidige frelser, men "Kristus" er navnet på den frelser, som allerede har frelst folket.

På det Gamle Testamentes tid, salvede Gud en person, som skulle være konge, præst, eller profet ved at hælde olie over hovedet på den, som skulle salves (Tredje Mosebog 4:3; Første Samuelsbog 10:1; Første Kongebog 19:16). Olien symboliserede Helligånden. Det at salve betyder at give Helligånden til en person, som er udvalgt af Gud.

Jesus blev salvet som konge, ypperstepræst og profet, og kom til verden iklædt kød for at frelse alle mennesker i overensstemmelse med Guds forsyn, som var blevet bestemt før tidens begyndelse. Han blev korsfæstet for at forløse os, og blev vores frelser ved at genopstå på tredjedagen. Han er dermed den frelser, som har fuldført Guds forsyn for frelse. Det vil sige, at han er Kristus.

Før korsfæstelsen henviser vi til ham som "Jesus". Men efter korsfæstelse og genopstandelse skal han omtales som "Jesus Kristus", "Herren Jesus" eller "Herren".

Du skal vide, at der er stor forskel på styrken mellem "Jesus" og "Jesus Kristus". Jesus er det navn, han blev kaldt, før han fuldførte forsynet for frelsen, og den fjendtlige djævel er ikke så bange for dette navn. Navnet "Jesus Kristus" implicerer derimod det følgende: Blodet, som forløste os fra vores synder; genopstandelsen, som brød dødens autoritet; og det evige liv.

Ved dette navn vil djævlen ryste af frygt.

Mange mennesker ignorerer dette faktum, fordi de ikke forstår forskellen. Men det er sandt, at Guds gerning og svar vil være forskellige alt efter hvilket navn, du kalder (Apostlenes Gerninger 3:6).

Når du beder til Gud i vor Herre Jesu Kristi navn og holder dette faktum i hu, vil du leve et sejrende liv med umiddelbare og rigelige svar fra din Gud den almægtige.

Jesu fuldstændige lydighed

Selv om Jesus var Gud af natur, anså han ikke sin lighed med Gud for noget, der skulle indses, og han klyngede sig ikke til sine rettigheder som Gud. Han gjorde ikke noget stort væsen af sig selv. Han tog en ydmyg position som slave, og viste sig i form af et menneske. En god tjener har ikke egen vilje. Han arbejdede i overensstemmelse med sin herskers vilje i stedet for sin egen. Det er tjenerens pligt at adlyde herskerens vilje uanset om den er i overensstemmelse med hans egen vilje eller følelser. Jesus adlød Guds vilje med en god tjeners hjerte, og kunne dermed fuldføre sin mission for menneskets frelse.

Gud ophøjede Jesus, som adlød Guds vilje, og sagde "Ja" og "Amen". Han ophøjede ham til det højeste sted og lod mange mennesker bevidne, at han er Herren.

Derfor har Gud højt ophøjet ham og skænket ham navnet over alle navne, for at i Jesu navn hvert knæ skal børe sig, i himlen og på jorden og under jorden, og hver tunge skal bekende: Jesus Kristus er Herre, til Gud Faders ære. (Filipperbrevet 2:9-11).

Navnet "Herre Jesus" vidner om Guds magt

Der står i Johannesevangeliet 1:3: *"Alt blev til ved ham, og uden ham blev intet til af det, som er."* Da alle ting i verden blev skabt gennem Jesus, har han autoritet til at regere over alle ting som Skaberen.

Når Jesus, søn af Gud Skaberen befalede, adlød livløse ting såsom den stormende vind og bølgerne, der lagde sig, og figentræet visnede umiddelbart, da han forbandede det.

Jesus havde autoritet til at tilgive synder og redde syndere fra deres synders straf. Således sagde Jesus til den lamme i Matthæusevangeliet 9:2: *"Vær frimodig, søn, dine synder tilgives dig."* og i vers 6: *"'Men for at I kan vide, at Menneskesønnen har myndighed på jorden til at tilgive synder' - da siger han til den lamme: 'Rejs dig, tag din seng og gå hjem.'"*

Desuden havde Jesus magt til at helbrede alle slags sygdomme og lidelser, og genoplive de døde. Johannesevangeliet 11 beskriver en scene, hvor den døde Lazarus kom ud af graven med hænder og fødder viklet ind i linned, da Jesus kaldte med høj stemme: "Lazarus, kom herud". Han havde været død i fire dage og stank allerede, men kom ud af graven som en rask mand.

Ligeledes giver Jesus dig hvad som helst du beder om med tro, idet han har Guds vidunderlige magt.

Jesus Kristus, Guds kærlighed

Som der står i Første Johannesbrev 4:10: *"Deri består kærligheden: ikke i at vi har elsket Gud, men i at han har elsket os og sendt sin søn som et sonoffer for vore synder."* Gud viste sin forbløffende kærlighed til os. Han sendte sin enbårne søn som sonoffer, mens vi stadig var syndere. Gud måtte udholde stor smerte og åbnede vejen til menneskelig frelse, da hans søn Jesus blev sømmet op på korset og udgød sit blod. Hvad følte kærlighedens Gud, da han måtte se sin enbårne søn Jesus blive korsfæstet? Gud var ikke i stand til at betragte det siddende på sin trone. Matthæusevangeliet 27:51-54 fortæller os, hvordan Gud led, da Jesus blev korsfæstet.

Og se, forhænget i templet flængedes i to dele, fra øverst til nederst. Og jorden skælvede, og klipperne revnede, og gravene sprang op, og mange af de hensovede helliges legemer stod op, og de gik ud af deres grave og kom efter hans opstandelse ind i den hellige by og viste sig for mange. Men da officeren og hans folk, der holdt vagt over Jesus, så jordskælvet og det andet, der skete, blev de rædselsslagne og sagde: "Sandelig, han var Guds søn."

Dette viser klart, at Jesus ikke blev korsfæstet på grund af sine egne synder, men på grund af Guds store kærlighed, som skal føre mennesket til frelse. Ikke desto mindre er der mange mennesker, der ikke tager imod eller forstår Guds forbløffende kærlighed.

Efter Adams ulydighed kunne menneskene ikke være hos Gud, og blev mennesker med syndefuld natur. Ikke desto mindre kom Jesus til jorden og blev formidler mellem Gud og os, sådan at han kan give Immanuels velsignelse til alle mennesker (Matthæusevangeliet 1:23). Gennem Jesu smerte og lidelse på korset opnår vi sand fred og hvile. Derfor håber jeg, at du forstår Guds store kærlighed, med hvilken han gav os sin enbårne søn som løsesum til at forløse os fra synder og evig død, og Herrens offerkærlighed som gjorde, at han - selv om han var skyldfri - blev korsfæstet på vores vegne og åbnede vejen til frelse.

Kapitel 6

KORSETS FORSYN

- Født i en stald og lagt i en krybbe
- Jesu liv i fattigdom
- Pisk og blodsudgydelser
- At bære tornekronen
- Jesu klæder og kjortel
- Sømmet gennem hænder og fødder
- Jesu knogler blev ikke knust, men hans blev stukket i siden med et spyd

Men det var vore sygdomme, han tog, det var vore lidelser, han bar; og vi regnede ham for en, der var ramt, slået og plaget af Gud. Men han blev gennemboret for vores overtrædelser og knust for vore synder. Han blev straffet, for at vi kunne få fred, ved hans sår blev vi helbredt. Vi flakkede alle om som får, vi vendte os hver sin vej; men Herren lod al vor skyld ramme ham.

Esajas' Bog 53:4-6

I Guds plan for at opnå sande børn er den vigtigste del, at Jesus kom til denne verden iklædt kød, blev påført alle slags lidelser og døde på korset. Gennem alt dette opnåede han vejen til frelse for menneskene. Guds forsyn fra korset har en dyb spirituel betydning. Jesus, den enbårne søn af Gud, forsagede den himmelske ære, blev født i en stald til dyr, og levede i fattigdom gennem hele sit liv.

Desuden blev han pisket og fik gennemsømmet hænder og fødder, bar en krone af torne og udgød blod og vand, idet hans fik et spyd ind i siden. Enhver lidelse, som Jesus var udsat for, indeholder Guds overvældende kærlighed.

Når du fuldt ud forstår den spirituelle betydning af korset og Jesu lidelse, vil dit hjerte helt sikkert blive rørt over Guds kærlighed, og du vil få sand tro. Du kan også modtage svar på alle problemer i dit liv såsom fattigdom og sygdom, samt det evige rige i himlen.

Født i en stald og lagt i en krybbe

Jesus, som havde Guds egentlige natur, var hersker over alle ting i himlen og på jorden, og han var det mest ærefulde væsen. Ikke desto mindre kom han iklædt kød til denne verden for at forløse mennesker fra synd og føre dem til frelse.

Jesus er Gud den almægtige Skabers enbårne søn. Hvorfor blev han så ikke født på et luksuriøst sted eller i det mindste i et behageligt rum? Kunne Gud ikke have ladet ham blive født på et dejligt sted? Hvorfor skulle han lade Jesus blive født i en stald og lagt i en krybbe?

Der er en dyb spirituel mening i dette. Du bør vide, at Jesus spirituelt set blev født på den mest ærefulde måde. Selv om mennesker ikke kunne se det med deres fysiske øjne, var Gud så tilfreds med Jesu fødsel, at han omkredsede den lille Jesus med ærens lys i nærvær af en stor samling af den himmelske skare og engle. Man kan næste høre hans begejstring i Lukasevangeliet 2:14, hvor der står følgende: *"Ære være Gud i det højeste og på jorden! Fred til mennesker med Guds velbehag!"* Gud havde også forberedt gode hyrder og vismænd fra østen, og ledte dem til at tilbede den lille Jesus.

Al lovprisningen og tilbedelsen fandt sted fordi Jesus ville åbne døren til frelse med sit komme til verden, en stor mængde af mennesker ville komme ind i den evige himmel som børn af Gud, og Jesus, Guds søn, ville blive kongernes konge og herrernes Herre.

Guds forsyn skjult i Jesu fødsel

Da Jesus blev født, udstedte Kejser Augustus en befaling om, at der skulle være folketælling i hele det romerske rige. Det jødiske folk var under kolonistyre fra Rom, og tog til deres hjemstavn for at lade sig registrere, hvilket foregik under kejserens befaling. Josef tog også afsted med sin forlovede Maria fra byen Nazaret i Galilæa til Betlehem, Davids by, fordi han var af Davids hus og slægt. Maria var blevet forlovet med Josef og havde undfanget et barn ved Helligånden før de tog afsted, og fødte sin førstefødte Jesus under deres ophold.

Navnet "Betlehem" betyder "hus af brød" og den var hjemby for kong David (Første Samuelsbog 16:1). I Mikas' Bog 5:1 står der følgende om byen Betlehem: *"Du, Betlehem, Efrata, du er lille blandt Judas slægter. Fra dig skal der udgå én, som skal være hersker i Israel; Hans udspring er i fortiden, i ældgamle dage."* Betlehem blev profeteret som fødselssted for Messias.

På dette tidspunkt var der ikke plads til Maria og Josef i noget herberg, fordi tusindvis af mennesker var i Betlehem for at lade sig registrere. Maria fødte derfor sin baby i en stald. Hun svøbte ham i klude og lagde ham i en krybbe, som er en lang beholder, der bruges til at fodre køer og heste.

Hvorfor blev Jesus, der kom som frelser for menneskeheden, født på en så beskeden og ydmyg måde?

For at forløse det dyrelignende menneske

I Prædikerens Bog 3:18 står der: *"Jeg tænkte: Gud har udskilt menneskene, for at de skal indse, at de ikke er andet end dyr."* Mennesker, som har mistet Guds billede, er ligesom dyr i Guds øjne. Det første menneske Adam var oprindeligt et levende væsen skabt i Guds billede. Han var også en åndelig mand, fordi Gud kun lærte ham det sande ord.

Men Adam spiste frugten fra kundskabens træ mod Guds

befaling, så hans ånd døde og han kunne ikke længere kommunikerer med Gud. Desuden var han ikke længere hersker over hele skabelsen. Satan ansporede Adam til at følge den syndefulde natur, og hans rene og sande hjerte ændrede sig til et urent og usandt hjerte.

I det daglige liv kan man til tider høre udtrykket: "Han er ikke bedre end et dyr." I medierne hører man ofte om mennesker, som ikke er bedre end dyr. For egen vinding bedrager og snyder de deres naboer, klienter, venner eller familiemedlemmer. Forældre og børn hader til tider hinanden, og synes næste rede til at tage livet af hinanden.

Mennesker vover at gøre sådanne onde gerninger, fordi sjælen er blevet menneskets hersker siden åndens død, og de har mistet Guds billede på grund af deres synder. Ligesom dyr, som kun består af sjæl og krop, kan disse mennesker ikke komme ind i himlen, og kan heller ikke kalde Gud for Abba Fader. Jesus blev født i en stald for at forløse mennesker, som ikke er bedre end dyr.

Jesus er den sande, spirituelle føde

Jesus blev lagt i en krybbe, en foderbeholder til heste, for at blive den sande spirituelle føde for mennesker, som ikke er bedre end dyr (Johannesevangeliet 6:51).

Med andre ord var det det guddommelige forsyn at lede mennesket til den fuldkomne frelse ved at gøre det i stand til at genskabe Guds tabte billede, og udføre menneskets fulde pligt. Hvad er så menneskets fulde pligt? Prædikerens Bog 12:13-14 giver os en indsigt:

Når du har hørt det hele, skal du drage den slutning:
Frygt Gud, og hold hans bud, det skal alle mennesker!
For Gud vil kræve dig til regnskab for enhver handling,
alt det skjulte, godt eller ondt.

Hvad betyder "Frygt Gud"? Ordsprogenes Bog 8:13 fortæller os: *"At frygte Herren er at hade det onde."* Det vil sige, at det at frygte Gud er ikke at accepterer det onde længere og på samme tid at skille dig af med enhver slags ondskab inde i dit hjerte.

Hvis du virkelig frygter Gud, skal du gøre dit bedste for at skille dig af med enhver slags ondt, kæmpe mod synden og afkaste dig den til blodet flyder. Ligesom studerende, som studerer hårdt for at sikre sig en bedre fremtid, skal du gøre dit bedste for at frygte Gud og gøre menneskets fulde pligt, for at nyde Guds kærlighed og velsignelser.

I Bibelen kan man finde Guds befalinger givet til hans børn som: "Gør dette; gør ikke dette; overhold dette; undlad dette." På den ene side fortæller Gud os, at det, hans børn bør gøre er: "Bed, elsk, giv tak og mere tak." På den anden side befaler Gud os at undlade at gøre ting, der fører til døden såsom at hade, begå utugt og beruse sig.

Han siger også, at vi må adlyde bestemte befalinger såsom "Hold søgnedagen hellig"; "Overhold dine løfter" og lignende. Gud tilskynder os til at skille os af med det skadelige og siger: "Undgå alle slags ondt"; "Skil dig af med din grådighed" og så videre.

Det er menneskets fulde pligt af frygte Gud og at holde hans bud. Gud vil afkræve os regnskab for hver eneste af vores handlinger på dommedag, enhver skjult ting om end den er god eller ond. Hvis du lever som et dyr uden at udføre menneskets fulde pligt, er det naturligt, at du vil falde i helvede som resultat af Guds dom.

Ligeledes blev Jesus født i en stald og lagt i en krybbe for at forløse mennesker, som ikke er bedre end dyr, og for at blive deres spirituelle føde.

Jesu liv i fattigdom

I Johannesevangeliet 3:35 står der: *"Faderen elsker Sønnen, og alt har han lagt i hans hånd."* Man kan læse i Kolossenserbrevet 1:16: *"I ham blev alting skabt i himlen og på jorden, det synlige og det usynlige, tronerne og herskerne, magter og myndigheder. Ved ham og til ham er alting skabt."* Med andre ord er Jesus den enbårne søn af Gud Skaberen, Herre for alle ting i himlen og på jorden.

Hvorfor kom han så til denne verden i en så beskeden og ydmyg situation, og levede i fattigdom, selv om han var Gud den almægtige af natur, og efter ethvert mål var rig?

For at forløse mennesket fra fattigdom

I Andet Korintherbrev 8:9 står der: *"I kender vor Herre Jesu Kristi nåde, at han for jeres skyld blev fattig, skønt han var rig, for at I kunne blive rige ved hans fattigdom."* Forsynet i Gud forbløffende kærlighed manifesteres ved dette. Jesus forsagede den himmelske ære selv om han var kongernes konge, herrernes Herre og den enbårne søn af Gud skaberen. Han kom til denne verden, levede i fattigdom og udholdt folks ringeagt og dårlige behandling for at forløse mennesker fra fattigdom.

I begyndelsen skabte Gud mennesket til at plukke og spise frugter uden sved, og til at nyde et liv i velstand uden møje og besvær. Men efter at det første menneske Adam var ulydig overfor Guds ord og fordærvedes, kunne mennesket kun spise mad gennem smertefuld møje ved sit ansigts sved. Af den grund lever mennesket ofte i fattigdom og en tilstand af mangel.

Fattigdom er i sig selv ikke nogen synd, så Jesus udgød ikke sit blod for at forløse os fra fattigdom. Dog er fattigdom en forbandelse, der er blevet manifesteret efter Adams ulydighed overfor Gud, og dermed gjord Jesus os rige ved at leve i fattigdom.

Nogle siger, at Jesu livslange fattigdom betyder, at han rent spirituelt har været fattig. Men da Jesus blev undfanget af Helligånden og er et med Gud Fader, er det ikke rigtigt at tænke, at han var fattig spirituelt set.

Du må huske på det faktum, at Jesus levede i fattigdom for at forløse dig fra fattigdom og for at du kan leve et liv i overflod med taknemmelighed for Guds kærlighed og nåde.

Nogle siger, at det er forkert at søge penge i bønner. Andre mener, at hvis du er kristen, så skal du leve et liv i fattigdom. Men det er ikke Guds vilje. I Bibelen kan du læse meget om velsignelser. For eksempel kan du læse i Femte Mosebog 28:2-6 at:

Alle disse velsignelser skal komme over dig og nå dig,
hvis du adlyder Herren din Gud: Velsignet være du i
byen, og velsignet være du på marken. Velsignet være
frugten af dit moderliv og frugten af din jord og frugten
af dit kvæg, dine oksers afkom og dine fårs tillæg.
Velsignet være din kurv og dit dejtrug. Velsignet være
du, når du kommer hjem, og velsignet være du, når du
går ud.

Tredje Johannesbrev 1:2 fortæller os: *"Min kære, frem for alt*
ønsker jeg, at du må have det godt og være rask, ligesom din
sjæl har det godt." Rent faktisk levede Guds udvalgte såsom
Abraham, Isak, Jakob, Josef og Daniel alle liv i stor velstand.

At føre et rigt liv

Med sin retfærdighed lader Gud dig høste som du sår.
Ligesom forældre kun ønsker at give gode ting til deres børn,
ønsker den kærlige Gud at give dig hvad som helst du beder om
med tro (Markusevangeliet 11:24).

Gud ønsker at give dig svar og velsignelser, men du kan ikke
modtage noget, hvis du ikke beder, eller hvis du beder uden
dømmekraft. Det vil sige, at hvis du forsøger at høste uden at
have sået noget, så håner du Gud og går imod den spirituelle lov.

Nogle vil måske sige: "Jeg ønsker at så, men kan ikke, fordi jeg
er så fattig." Ikke desto mindre kan du i Bibelen finde mange

mennesker, som var meget fattige, men som gjorde deres bedste for at så, og blev rigeligt velsignet som belønning.

I Første Kongebog 17 kan vi læse om en 30 år lang hungersnød i landet. Mens der stadig var hungersnød, lavede en enke i Sarepta ved Sidon et lille brød til profeten Elijas med en håndfuld mel i krukken og en smule olie i kanden, hvilket var alt, hun havde. Gud var så tilfreds med, at hun sørgede for hans tjener, at han velsignede hende rigeligt: Melet i krukken blev ikke brugt op, og kanden med olie løb ikke tør indtil den dag, hvor Gud lod det regne på jorden (Første Kongebrev 17:14).

På Jesu tid skete der ved en lejlighed det, at en fattig enke lagde to meget små mønter, som næsten ikke var noget værd, i templets skatkiste. Ikke desto mindre roste Jesus hende, og sagde, at hun havde givet mere end nogen anden. Det skyldes, at hun gav på trods af sin fattigdom, og afleverede alt, hvad hun havde, mens andre gav en vis del af deres ejendele (Markusevangeliet 12:42-44).

Det vigtigste er din mentale indstilling til at give alt til Gud. Gud ser ikke på størrelsen af din gave, men lugter den behagelige aroma af kærlighed og tro, som gaven indeholder, og velsigner dig rigeligt.

Pisk og blodsudgydelser

Før korsfæstelsen hånede og ringeagtede de romerske soldater Jesus ved at slå ham i ansigtet, spytte på ham og så videre. De piskede også Jesus med en pisk, bestående af en lang læderstrop med fasthæftede stykker og bly hængende fra den.

På den tid var de romerske soldater de mest robuste og veldisciplinerede, samt den stærkeste styrke i verden. Hvor alvorlig må smerten ikke have været, da de tog hans tøj af ham for at piske ham? De piskede ham, så hans hud blev revet i stykker, benene blev eksponeret og blodet strømmede. For at opfylde profeten Esajas' profeti: *"Jeg lod dem slå min ryg og rive skægget ud af mine kinder. Jeg skjulte ikke mit ansigt for skændsler og spyt."* (Esajas' Bog 50:6). Jesus forsøgte aldrig at undgå nogen af piskene.

At helbrede sygdom og lidelser

Hvorfor blev Jesus så slået med en pisk, og hvorfor udgød han sit blod? Hvorfor tillod Gud, at dette skete for hans søn? Esajas' Bog 53 forklarer formålet med Jesu lidelser og sorg.

Men han blev gennemboret for vores overtrædelser og knust for vores synder. Han blev straffet for at vi kunne få fred, ved hans sår blev vi helbredt. Vi flakkede alle om som får, vi vendte os hver sin vej; men Herren lod al vor skyld ramme ham (Esajas' Bog 53:5-6).

Jesus blev gennemboret og knust for vores overtrædelser og synder. Han blev straffet, pisket og blødte for at give dig fred og sætte dig fri for alle sygdomme.

I Matthæusevangeliet 9, da Jesus helbredte en lam, som lå på en seng, løste han først problemet med synd, idet han sagde:

"Dine synder tilgives dig." Først derefter sagde Jesus til ham: *"Rejs dig, tag din seng og gå hjem!"*

I Johannesevangeliet 5 sagde Jesus efter at have helbredt et menneske, som havde været invalid i 38 år: *"Nu er du blevet rask; synd ikke mere, for at der ikke skal ske dig noget værre."* (Johannesevangeliet 5:14).

Bibelen fortæller dig, at sygdomme kommer over dig på grund af dine synder. Så du har brug for, at nogen løser problemet med din synd, før du kan blive fri for sygdom. Uden blodsudgydelser kan der dog ikke være nogen tilgivelse (Tredje Mosebog 17:11).

Det er derfor at præsterne i tiden for det Gamle Testamente slagtede et dyr som sonoffer, når nogen havde syndet. Men nu er der ikke længere behov for at slagte dyr som offer, efter at Jesus kom til denne verden iklædt kød, og udgød sit uplettede og magtfulde blod. Jesu hellige blod udsonede alle menneskets synder i fortiden, nutiden og fremtiden.

For at tage vores lidelser og sygdomme

I Matthæusevangeliet 8:17 står der: *"for at det skulle opfyldes, som er talt ved profeten Esajas, der siger: Han tog vores lidelser, han bar vores sygdomme."* Det vil sige, at hvis du ved, hvorfor Jesus blev pisket og udgød blod, og tror på det, så skal du ikke lide af sygdomme og lidelser.

I Første Petersbrev 2:24 står der: *"På sit legeme bar han selv vores synder på korset, for at vi, døde for synden, skal leve for retfærdigheden. Ved hans sår blev I helbredt."* I dette vers bruges en datidsform, idet Jesus allerede har forløst alle menneskenes synder.

Uanset om man tror på, at Jesus bar vores lidelser og synder ved at blive pisket og bløde, hvordan kan det så være, at vi lider af sygdomme?

Gud siger i Anden Mosebog 15:26: *"Hvis du er lydig mod Herren din Gud og gør, hvad der er ret i hans øjne, lytter til hans befaling og holder alle hans love, så vil jeg ikke påføre dig nogen af de sygdomme, jeg har påført egypterne, for jeg er Herren, der læger dig."* Dette betyder, at hvis du gør det rette i Guds øjne, så vil ingen sygdom ramme dig, for Gud kan med sine øjne som flammende ild beskytte dig fra dem.

Lad os tage et eksempel. Når et barn kommer grædende hjem efter at være blevet slået af naboens barn, så vil forældrenes reaktion og indstilling overfor hændelsen være meget forskellig alt efter deres tro.

En vil måske opdrage sit barn på følgende måde: "Hvorfor bliver du altid slået? Hvis du bliver slået én gang, så skal du slå igen to eller tre gange." En anden forældre vil måske aflægge et besøg hos forældrene til det barn, som har slået hans barn, og klage til dem. Andre forældre vil måske hverken reagerer på den ene eller den anden måde, men vil være fornærmede og indignerede i deres hjerter.

Men Gud fortæller dig, at du skal overvinde ondt med godt, elske dine fjender og søge fred med andre mennesker, idet han siger: *"Men jeg siger jer, at I ikke må sætte jer til modværge mod den, der vil jer noget ondt. Men slår nogen dig på din højre kind, så vend også den anden til."* (Matthæusevangeliet

5:39). Hvis du således gør det, som er rigtigt i hans øjne, vil det ikke være vanskeligt for dig at overholde hans befalinger og bestemmelser. Når du bliver ved med at bede og gøre dit bedste, så vil Guds nåde og styrke komme over dig, og du kan nemt gøre hvad som helst med hjælp fra Helligånden.

Hvis du skiller dig af med synden, og gør det rette i Guds øjne, kan sygdomme ikke blive dig påført. Selv om du bliver syg, vil Gud Helbrederen tilgive dine synder og helbrede dig fuldstændig, når du forsøger at finde ud af, hvad der er galt i Guds øjne, og angrer det af hele dit hjerte.

Selv om du bevidner med dine læber, at Gud er almægtig, så vil Gud ikke være tilfreds med dig, hvis du sætter din lid til verden og tager på hospitalet, når du står overfor sygdom eller lidelse, for dette beviser, at du ikke for alvor stoler på den almægtige Gud (Anden Krønikebog 16).

At bære tornekronen

En krone er egentlig til en konge med sin royale kappe. Selv om Jesus var den enbårne søn af Gud, kongernes konge og herrernes Herre, bar han en krone lavet af lange, hårde torne i stedet for en smuk krone lavet af guld, sølv og juveler.

Da tog statholderens soldater Jesus med sig ind i borgen og samlede hele vagtstyrken om ham. Og de klædte ham af og hængte en skarlagenrød soldaterkappe om ham, flettede en krone af torne og satte den på hans hoved, gav ham en kæp i højre hånd og faldt på knæ foran ham, hånede ham og sagde: "Hil dig, jødekonge!" Og de spyttede på ham og tog kæppen og slog ham i hovedet. (Matthæusevangeliet 27:27-30).

De romerske soldater flettede torne sammen for at lave en krone, der var for lille til Jesus, og satte den fast på hans hoved. Tornene stak ham i hoved og pande, og blodet flød ned over hans ansigt. Hvorfor tillod Gud den Almægtige at hans enbårne søn bar en tornekrone, led af afstraffelsens smerter og udgød sit blod?

For det første bar Jesus tornekronen for at forløse os fra de synder, vi begår i vores tanker.

Da mennesket, som var skabt af Gud, kommunikerede med ham og adlød hans ord, begik han ikke nogen synd, fordi han altid tænkte i overensstemmelse med Guds vilje og adlød ham.

Men da han blev fristet af slangen og modtog tanker fra Satan, begik han snart en synd. Han havde aldrig tidligere tænkt på at spise frugten fra kundskabens træ. Men efter at være blevet fristet, spiste han den, idet den syntes at være god til at spise og behagelig at se på, og eftertragtelsesværdig til at få visdom af.

Satan, som ledte de første mennesker Adam og Eva til at være ulydige overfor Gud, arbejder nu ligeledes på at få dig til at begå synder i dine tanker.

I den menneskelige hjerne er der celler, som er ansvarlige for hukommelsen. Lige siden din fødsel vil alt, hvad du har set, hørt og lært være blevet lagt ind i hukommelsescellerne sammen med dine egne følelser overfor særlige hændelser, individer eller informationer. Vi kalder dette for "viden". Det, som vi kalder "tanker" er en proces, som finder sted ved reproduktion af denne oplagrede viden gennem sjælens gerning.

Folk er vokset op i forskellige miljøer. Det, de har set, hørt og lært er forskelligt for hver og en, og det som er blevet lagret i hjernen er dermed også forskelligt. Selv om det, de har set, hørt og lært er det samme, vil hver enkelt have haft sine egne følelser på tidspunktet, og dermed er det uundgåeligt, at folk har forskellige værdier. Guds ord er ofte ikke i overensstemmelse med vores viden og teori. For eksempel tror du måske, at hvis du ønsker at blive ophøjet, så må du gøre alt, hvad du kan for at vinde over andre. Ikke desto mindre lærer Gud dig, at enhver, som gør sig ydmyg, vil blive ophøjet (Matthæusevangeliet 23:12).

De fleste mennesker tror, at det er naturligt at hade sin fjende, men Gud fortæller os, at vi skal "elske vores fjende" og at "hvis din fjende er sulten, så giv ham noget at spise, hvis han er tørstig, så giv ham noget at drikke."

Guds tanker er spirituelle, mens menneskets tanker er kødelige. Satan giver dig kødelige tanker, sådan at han frister dig til at undgå Gud, hindrer dig i at opnå sand tro og driver dig til at følge verdslige veje, som i sidste ende fører til synd og evig død.

I Matthæusevangeliet 16:21 og de efterfølgende vers forklarede Jesus for sine disciple, at han ville blive udsat for mange ting, og at han ville dø på korset og genopstå på tredjedagen. Peter trak Jesus til side, da han hørte dette, og begyndte at irettesætte ham med ordene: *"Gud bevare dig, Herre, sådan må det aldrig gå dig!"* (vers 22). Men Jesus vendte sig om og sagde rasende: *"Vig bag mig, Satan! Du vil bringe mig til fald. For du vil ikke, hvad Gud vil, men hvad mennesket vil."* (vers 23). Da Jesus rasende sagde: *"Vig bag mig, Satan"*, mente han ikke, at Peter var Satan, men at det var Satan selv, der arbejdede i Peters tanker for at forhindre Guds værk. Jesus var nødt til at bære korset for at frelse menneskeheden i overensstemmelse med Guds vilje, men Peter forsøgte at hindre ham i at udføre Guds vilje med hans kødelige tanker.

Apostelen Paulus skriver i Andet Korintherbrev 10:3-6 som følger:

> *Nok lever vi som andre mennesker, men vi kæmper ikke som verdslige mennesker. Vore kampvåben er ikke verdslige, men mægtige for Gud til at bryde fæstningsværker ned. Vi nedbryder tankebygninger og alt, som trodsigt rejser sig mod kundskaben om Gud, vi gør enhver tanke til en lydig fange hos Kristus, og vi er rede til at straffe enhver ulydighed, når lydigheden hos jer først har sejret.*

Du bør nedrive dine egne argumenter og ræsonnementer, som bliver sat op og ofte arbejder imod Guds rige. Tag enhver tanke som fange for at gøre den lydig mod Kristus, sådan at du kan leve i overensstemmelse med sandheden, og så vil du blive en person med ånd og tro.

Du bør kaste den tanke væk, at når nogen slår dig må du slå

igen to gange for ikke at skulle skamme dig, for denne kødelige tanke er imod sandheden. Derfor må du efterlade alle synder, der kommer gennem dine tanker. For at afgøre problemet med synd fuldstændigt, må du første forsage kødets lyst, dine øjnes lyst og livets stolthed. Disse er de usande tanker, som Satan glæder sig over. Kødelige lyster, eller det vil sige tanker, som kommer frem i sindet, er lyster imod Guds vilje. Galaterbrevet 5:19-21 optegner disse lyster:

Kødets gerninger er velkendte: utugt, urenhed, udsvævelse, afgudsdyrkelse, trolddom, fjendskaber, kiv, misundelse, hidsighed, selviskhed, splid, kliker, nid, drukkenskab, svir og mere af samme slags. Jeg siger til jer på forhånd, som jeg før har sagt, at de, der giver sig af med den slags, ikke skal arve Guds rige.

Selve ønsket om at gøre det, som Gud befaler, at du skal forsage, er kødets lyster. Øjnenes lyst betyder, at sindet i høj grad er under indflydelse af, hvad man ser og hører, og man begynder at følge de lyster, der rejser sig i ens sind. Når man elsker verden og søger lyst med sine øjne, synes kun disse lyster at være værdifulde, og man kan ikke stilles tilfreds med noget som helst.

Et skrydende sind rejser sig i en person, som begynder at besidde verdens glæder i jagten på tilfredsstillelse af kødets lyst og øjnenes lyst. Dette kaldes livets stolthed.

For at forløse os fra alle slags umoralitet, lovløshed, og ondskab bar Jesus en krone af torne og udgød sit blod. Idet det kun var det skyldløse og pletfri blod fra Jesus, som kunne forløse os fra vores synder, bar han en krone af torne på sit hoved og udgød blod, der forløste os fra alle vore synder.

For det andet bar Jesus tornekronen for at gøre mennesket i stand til at bære bedre kroner i himlen

En anden grund til, at han bar en tornekrone, var for at lade dig opnå en endnu bedre krone. Ligesom han forløste dig fra fattigdom og gav dig rigdom ved at føre et fattigt liv, sådan bar han også en tornekrone for at lade dig få en bedre krone i himlen. Der er utallige kroner, som er forberedt til Guds børn i himlen. Her på jorden har vi belønninger såsom guldmedaljer, sølvmedaljer og bronzemedaljer til at give til vinderne ved atletiske begivenheder i overensstemmelse med deres placering. Ligeledes er der adskillige kroner i himlen. Der er en sejrskrans, der ikke visner, som er beskrevet i Første Korintherbrev 9:25: *"Men enhver idrætsmand er afholdende i alt - de andre for at få en sejrskrans, der visner, men vi for at få en, der ikke visner."* En sejrskrans, der ikke visner, er forberedt til alle Guds børn, som stræber efter at skille sig af med deres synder. Herlighedens uvisnelige krans er forberedt til dem, som skiller sig af med deres synder og lever i overensstemmelse med Guds ord og ærer ham (Første Peterbrev 5:4). Livets sejrskrans forberedes også til dem, som elsker Gud højt, er ham tro til døden og bliver hellige ved at forsage enhver slags ondt (Jakobsbrevet 1:12; Johannesåbenbaringen 2:10).

Retfærdighedens sejrskrans gives til dem, der ligesom

apostelen Paulus blev hellige ved at skille sig af med alle deres synder og desuden fuldføre deres mission fuldstændig i overensstemmelse med Guds vilje (Andet Timothæusbrev 4:8).

Det beskrives også i Johannes-åbenbaringen 4:4 at *"Rundt om tronen stod fireogtyve troner, og på tronerne sad fireogtyve ældre i hvide klæder og med guldkroner på hovedet."* Guldkronerne forberedes til mennesker, som har nået et niveau som ældre og som vil assisterer Gud i det nye Jerusalem. Her henviser "ældre" ikke til mennesker, som får denne titel i kirker i denne verden, men beskriver personer, som af Gud anerkendes som ældre, fordi de er hellige og trofaste i Guds hus, og har en uforanderlig tro af guld.

Gud giver forskellige kroner til sine børn alt efter i hvilken grad de skiller sig af med synden og fuldfører Guds mission. Guds børn vil være vigtige i himlen, og vil modtage bedre kroner, hvis de ikke tænker på, hvordan de skal tilfredsstille den syndefulde naturs lyster; hvis de opfører sig passende i forhold til Guds ord (Romerbrevet 13:13-14); hvis deres sjæl følger dem godt, idet de lever ved Ånden (Galaterbrevet 5:16); og hvis de trofast gør deres pligt og følger deres mission!

Ligeledes forløste Jesus dig fra alle de synder, der begås i dine tanker ved at bære en tornekrone og udgyde blod. Hvor bør du være taknemmelig over at han forbereder bedre kroner i himlen til at give dig i overensstemmelse med målet af din tro og fyldestgørelsen af din mission!

Derfor må du indse hvor ærefuldt det er at være kvalificeret til at modtage disse kroner. Og så burde du have din Herres hjerte ved at forsage alle slags ondt, gøre det gode ved din mission og være trofast overfor hele Guds hus. Jeg håber, du vil modtage den bedst mulige krone i himlen.

Jesu klæder og kjortel

Jesus, som bar en tornekrone og udgød blod over hele kroppen på grund af de hårde pisk, kom til Golgata, stedet for korsfæstelsen. Da de romerske soldater korsfæstede Jesus, tog de hans klæder og delte dem i fire dele - en til hver af dem. Kjortelen delte de ikke, men trak lod om den.

Da soldaterne havde korsfæstet Jesus, tog de hans klæder og delte dem i fire dele, én del til hver soldat. Også kjortlen tog de; men den var uden sammensyninger, ét vævet stykke fra øverst til nederst; derfor sagde de til hinanden: "Lad os ikke rive den i stykker, men trække lod om, hvem der skal have den." For sådan skulle det skriftord gå i opfyldelse: De delte mine klæder mellem sig, de kastede lod om min klædning. (Johannesevangeliet 19:23-24).

Hvorfor forklarer Guds ord i detaljer om Jesu klæder og kjortel? Israels historie siden år 70 er dybt indlejret i de spirituelle implikationer af denne hændelse.

At blive klædt af og korsfæstet

Ifølge Matthæusevangeliet 27:22-27 blev Jesus dømt til korsfæstelse af Pontius Pilatus efter at han var blevet hånet og lagt for had på adskillige måder. Dette skete på foranledning af israelitter, som ikke anerkendte Jesus som Messias. Efter at han var blevet hånet og udskældt, og havde båret en tornekrone, bar han korset til Golgata og blev korsfæstet der. Pilatus beordrede soldaterne til at placere den skriftlige anklage af ham over hans hoved, og der stod: *"Det er Jesus, jødernes konge"* (Matthæusevangeliet 27:37). Denne notits blev skrevet på hebræisk, latin og græsk. Hebræisk var det traditionelle sprog for jøderne, Guds udvalgte folk. Latin var det officielle sprog for det romerske emperium, som var den mest magtfulde nation på daværende tidspunkt, og græsk var det sprog, som dominerede verdenskulturen. At notitsen blev skrevet på disse tre sprog symboliserer, at hele verden anerkendte Jesus for i sandhed at være jødernes konge og kongernes konge.

Mange jøder protesterede til Pilatus, da de havde læst notitsen, og bad ham om ikke at skrive "Jødernes konge", men i stedet "Han sagde: Jeg er jødernes konge." Men Pilatus svarede dem: "Hvad jeg skrev, det skrev jeg." og han ændrede det ikke. Dette betyder, at selv Pilatus anerkendte Jesus som jødernes konge. Ligesom Pilatus anerkendte Jesus som jødernes konge, er han bestemt også Guds enbårne søn, kongernes konge og herrernes herre. Ikke desto mindre måtte han afklæde sig sit tøj og lade sig korsfæste for øjnene af mange mennesker. Han måtte udholde en så hjerteknugende skam.

Vi lever i denne onde verden og glemmer menneskets fulde pligt. Og for at udfri os fra alle slags skam, snavsede ting, ondskabsfuldhed, lovløshed og manglende moral blev Jesus, kongernes konge, afklædt sit tøj og sin kjortel, og undergik skam, mens mange mennesker betragtede ham. Hvis du forstår den spirituelle betydning af dette, kan du ikke undgå at være taknemmelig over det.

Delte Jesu klæder i fire dele

De romerske soldater klædte Jesus af og korsfæstede ham. De tog hans klæder og delte dem i fire dele, men trak lod om hans kjortel. Almindelig sund fornuft siger os, at hans tøj ikke kan have været smukt og dyrt. Så hvorfor delte soldaterne det i fire dele?

Vidste de med en langsynet visdom at Jesus ville blive æret som Messias, og ville de have et stykke tøj, som de kunne give deres efterkommere som et værdifuldt arvestykke? Nej, det var ikke tilfældet. Salmernes Bog 22:18 profeterer: *"De delte mine klæder mellem sig, de kastede lod om min klædning."* Gud tillod de romerske soldater at tage hans tøj for at opfylde dette vers (Johannesevangeliet 19:24).

Hvad er så den spirituelle implikation ved Jesu tøj? Hvorfor delte de hans tøj i fire dele, en til hver? Hvorfor delte de ikke hans kjortel? Hvorfor tillod Gud, at denne historie blev nedskrevet på forhånd?

Da Jesus er jødernes konge, henviser Jesu tøj til nationen Israel eller det jødiske folk. Da de romerske soldater delte tøjet i fire dele, mistede det sin form. Dette betyder, at nationen Israel vil blive ødelagt. Det viser også, at navnet Israel vil bestå ligesom stykkerne af tøj bestod. De ord, som blev skrevet om hans tøj, profeterede at det jødiske folk ville blive spredt ud i alle retninger som resultat af ødelæggelsen af deres nation. Israels historie vidner om, at denne profeti er gået i opfyldelse.

Mindre end 40 år efter, at Jesus døde på korset, ødelagde en romersk general ved navn Titus Jerusalem. Guds tempel blev fuldstændig ødelagt, uden at der var så meget som en sten tilbage. Da nationen Israel holdt op med at eksistere, blev jøderne spredt ud over det hele, forfulgt og endda slået ihjel. Dette forklarer, at jøderne i dag lever over hele jorden.

Matthæusevangeliet 27:23 portrætterer den grusomme scene, hvor Pilatus fortæller den ondskabsfulde hord, at Jesus er skyldsfri, men de råber endnu højere, at Jesus skal korsfæstes. Da tager Pilatus noget vand og vasker sine hænder for at vise, at han ikke er ansvarlig for den uskyldige Jesu død, og han siger: *"Jeg er uskyldig i denne mands bold. Det bliver jeres sag."* (vers 24). og folket svarer: *"Lad hans blod kommer over os og vore børn."* (vers 25).

Det er et bemærkelsesværdigt element i Israels historie, at mange af jøderne og deres efterkommere måtte udgyde blod, nærmest som for at opfylde Pontius Pilatus' krav. Indenfor fire årtier efter Jesu død blev så mange som 1.1 million jøder slået ihjel. Desuden slog Nazityskland omkring 6 millioner jøder ihjel under anden verdenskrig. Filmen "Schindlers liste" viser en tragisk scene, hvor jøder uden skelnen mellem mand og kvinde, ung og gammel, bliver henrettet uden tøj på. Selv en kriminel får lov til at skifte tøj, når han skal henrettes, men jøderne blev klædt af, da de blev slået ihjel.

Jøderne havde ikke anerkendt Jesus som Messias, og havde klædt ham af og korsfæstet ham. Da de råbte: "Lad hans bold komme over os og vores børn", ramte en frygtelig fortvivlelse Israel gennem lange tider.

Jesu kjortel uden sammensyninger og vævet i ét stykke

Johannesevangeliet 19:23 beskriver Jesu kjortel: *"den var uden sammensyninger, ét vævet stykke."* At den var uden sammensyninger betyder her, at den ikke var sat sammen af flere stykker stof. De fleste mennesker viser ingen interesse for, hvordan deres tøj er lavet eller om det er vævet fra øverst til nederst eller fra nederst til øverst. Så hvorfor beskriver Bibelen Jesu kjortel i detaljer?

Bibelen fortæller, at forfaderen til alle mennesker er Adam, forfaderen for troen er Abraham og forfaderen til Israel er Jakob. Gud lærer os, at forfaderen til Israel ikke er Abraham, men Jakob, fordi Israels tolv stammer kom fra Jakobs tolv sønner.

Grundlæggeren for nationen Israel er Jakob, selv om forfaderen for troen er Abraham.

I Første Mosebog 35:10-11 velsigner Gud Jakob på denne måde:

> *"Dit navn er Jakob; men nu skal du ikke længere hedde Jakob. Dit navn skal være Israel." Og han gav ham navnet Israel. Han sagde til ham: "Jeg er Gud den almægtige. Bliv frugtbar og talrig! Et folk, ja, en mængde folkeslag skal medstamme fra dig, og konger skal fremstå af dit eget kød og blod."*

I overensstemmelse med Guds ord i disse vers dannede Jakobs tolv sønner rygraden af Israel og Israel var et forenet land, indtil det blev delt i kong Rehoboams dage, og blev Israel i det nordlige og Judæa i det sydlige.

Senere blev Israel i det nordlige blandet med ikke-jøder, men Judæa forblev forenet. I dag kaldes Judæas folk for jøder. Det faktum, at Jesu kjortel var uden sammensyning, vævet fra øverst til nederst i ét stykke betyder at nationen Israel opretholdt sin enhed og identitet som Jakobs efterkommere indtil i dag.

Trak lod om Jesu kjortel uden at flå den

Her symboliserer kjortelen folkets hjerte. Da Jesus er konge af Israel, er hans kjortel et billede på det jødiske folks hjerte.

Israelitterne har som Guds udvalgte folk gennem Abraham, deres forfader i troen, tilbedt den sande Gud over alle ting. Det faktum, at de ikke delte kjortlen, antyder, at ånden hos det jødiske folk i Israel, som tilbeder Gud, er forblevet hel og udelt selv om nationen og regeringen af Israel til tider er blevet ødelagt.

Rent faktisk profeterer Bibelen, at ikke-jøderne ikke ville være i stand til at udslette Israelitternes ånd, som forbliver dybt i deres hjerter. Med andre ord er deres hjerters indstilling overfor Gud blevet bibeholdt stabilt, selv om nationen Israel er blevet ødelagt af ikke-jøder. Gud valgte Israelitterne som sit folk og brugte dem til at etablere sit rige og sin retfærdighed, idet de har så uforanderlige hjerter.

Selv i dag forsøger israelitterne at adlyde loven med uforanderlige hjerter. Dette skyldes, at de er efterkommere af Jakob, som selv havde et uforanderligt hjerte. Israelitterne overraskede hele verden ved at få deres uafhængighed den 14. maj 1948, længe efter at de havde mistet deres land. Derefter har de hurtigt udviklet sig til et af de mest fremstående og indflydelsesrige lande, og de har udvist deres nationale ånd og udmærkethed endnu engang.

Ligesom de romerske soldater ikke kunne dele Jesu kjortel, som var uden sammensyninger og vævet i et stykke stof fra øverst til nederst, kan ikke-jøderne heller ikke ødelægge den ånd, hvormed israelitterne tilbeder Gud. Israelitterne er trods alt efterkommere af Jakob, som etablerede et uafhængigt land og fuldbyrdede Guds vilje for sit udvalgte folk.

Bibelens forudsigelser om Israel ved tidens ende

Ligesom Gud forudsagde Israels historie gennem Jesu tøj og underklæder, så gav han os også et vink om verdens sidste dage. I Ezekiels Bog 38:8-9 står der:

Når lang tid er gået, skal du mønstres. Når årene er omme, skal du rykke frem mod det land, som er genrejst efter sværdet, og hvis indbyggere er blevet samlet fra mange folkeslag på Israels bjerge, som længe havde ligget øde hen. De blev hentet hjem fra folkene og bor nu alle trygt. Du skal trække op som et uvejr og komme og dække landet som en sky, du og alle dine tropper og de mange folkeslag sammen med dig.

"Når lang tid er gået" henviser til den tidsperiode, der går fra Jesu fødsel og til hans genkomst, og "når årene er omme" henviser til de sidste år op mod Jesu genkomst. "Israels bjerge" indikerer Jerusalem, som ligger i højlandet omkring 760 meter over havoverfladen. Det at indbyggerne er blevet hentet hjem fra folkene, forudsiger at israelitterne vil komme tilbage til deres land fra hele verden, når tiden for Jesu genkomst nærmer sig.

Denne forudsigelse gik i opfyldelse, da Israel blev ødelagt af det romerske emperium i år 70, og opnåede selvstændighed i 1948. Israel havde været affolket indtil det blev uafhængigt, men det voksede sig til et af de mest udviklede lande i verden. Det nye Testamente profeterer også Israels uafhængighed. Jesus fortæller os følgende i Matthæusevangeliet 24:32-34:

> *Lær denne lignelse af figentræet: Når dets grene*
> *bliver bløde og får blade, ved I, at sommeren er nær.*
> *Sådan skal I også vide, når I ser alt dette, at han står*
> *lige for døren. Sandelig siger jeg jer: Denne slægt skal*
> *ikke forgå, før alt dette sker.*

Dette var Jesu svar til sine disciple, som spurgte ham om tegnene for hans genkomst og tidens afslutning.

Figentræet i disse vers henviser til Israel. Når bladene falder af træerne og den kolde vind blæser, ved du, at vinteren er nær. Ligeledes ved du så snart figentræets blade bliver bløde og får blade, at sommeren er nær. Med denne lignelse forklarer Jesus, at når Israel er genoprettet lang tid efter dets destruktion, det vil sige når det israelske folk får deres uafhængighed, vil Jesu genkomst være meget nær.

Vi ved ikke hvor lang "denne slægt" er, som Jesus nævner i verset, men vi ved, at det, han sagde, med sikkerhed vil gå i opfyldelse. Vi har allerede bevidnet Israels uafhængighed, så det er nemt at regne ud, at Jesu genkomst er meget nær.

Tegnene på tidens afslutning

I Matthæusevangeliet 24 forklarer Jesus i detaljer om tegnene på tidens afslutning, da disciplene spørger til dem. Men han fortalte dem ikke den præcise time eller dag, idet han sagde: *"Men den dag og den time er der ingen, der kender, hverken englene i himlen eller Sønnen, men alene Faderen."* (Matthæusevangeliet 24:36).

Dette betyder kun, at han som menneskesøn, der kom til jorden i kød, ikke kendte den præcise time eller dag. Det betyder ikke, at Jesus som en del af Treenigheden ikke vidste det efter sin korsfæstelse, genopstandelse og opstigning til himlen.

Jesus sagde mange ting om tegnene for tidens afslutning, og advarede: *"Og fordi lovløsheden tager overhånd, skal kærligheden blive kold hos de fleste. Men den, der holder ud til enden, skal frelses."* (Matthæusevangeliet 24:12-13). I dag kan man kraftigt føle, at lovløsheden taget overhånd og at kærligheden bliver koldere. Det er svært at finde hjertevarme. Jesus sagde i Matthæusevangeliet 24:14: *"Og dette evangelium om Riget skal prædikes i hele verden som vidnesbyrd for alle folkeslag, og så skal enden komme."* Evangeliet er allerede blevet prædiket i alle verdenshjørner.

Desuden lever vi i en "global landsby", hvor hvert hjørne af kloden er tilgængeligt for transport og kommunikation. Dette fænomen er også blevet forudsagt i Daniels Bog 12:4: *"Og du, Daniel, skal holde ordene skjult og forsegle bogen til endetiden. Mange skal flakke om, men kundskaben skal blive stor."* Evangeliet har hurtigt udbredt sig til hele verden i dette miljø.

Men det er sandt, at selv om evangeliet er blevet prædiket over hele verden, er der mange, som ikke tager imod Jesus, fordi de ikke åbner deres hjerter. Eller der kan være nogle fjerne steder, hver evangeliets sæd end ikke er blevet sået. Profetierne i det Gamle Testamente er alle blevet opfyldt, og de fleste profetier i det Nye Testamente ligeså. Hele skriften er inspireret af Helligånden. Derfor er Guds ord korrekt, og indeholder ingen fejl. Ikke det mindste bogstav eller det mindste pennestrøg skal ændres i Guds ord. Gud har opfyldt sit ord og sine løfter, og kun få ting mangler endnu at blive opfyldt, inklusiv genkomsten af vores Herre Jesus Kristus, syv år med hårde prøvelser, det nye årtusinde, og den store dom fra den hvide trone.

Sømmet gennem hænder og fødder

Korsfæstelse var en af de mest ondskabsfulde henrettelsesmetoder for mordere og bedragere. Deres arme blev strakt ud på et trækors, og sømmet fast gennem hænder og fødder. De hang på korset i lang tid, indtil de døde. Dermed måtte de lide en voldsom smerte indtil det sidste åndedrag.

Jesus, Guds søn, gjorde kun det gode, og havde ingen plet i denne verden. Hvorfor blev han så sømmet gennem hænder og fødder, og udgød sit blod på korset?

Smerten ved at få gennemsømmet hænder og fødder

Jesus blev dømt til døden på korset og kom til henrettelsespladsen, Golgata. En romersk soldat, som holdt et stort jernsøm, og en anden med en hammer begyndte at gennemsømme hans hænder og fødder på kommandantens befaling. Så rejste de korset. Kan du forestille dig, hvor smertefuldt det må have været?

Den uskyldige Jesus måtte lide smerte, da de store søm blev hamret gennem hans krop, og da hans krops blev trukket nedad af sin vægt og de fastsømmede kropsdele blev flået. Når man blev halshugget, sluttede smerten øjeblikkeligt. Ikke desto mindre var døden på korset langt mere smertefuld, fordi man blev hængt op, blødte, og led af dehydrering og udmattelse indtil dødstidspunktet.

På en solrig dag i ørkenen var der desuden alle mulige insekter og utøj, som fløj rundt over hele kroppen for at suge af det blod, der flød fra sårene på hænder og fødder. Desuden var der ondskabsfulde mennesker, som pegede fingre af Jesus, spyttede på ham, hånede ham, forbandede ham og fornærmede ham. Nogle mennesker spottede ham endda og sagde: *"Du, som bryder templet ned og rejser det igen på tre dage, frels dig selv, hvis du er Guds søn, og stig ned fra korset!"* (Matthæusevangeliet 27:40).

En uudholdelig smerte ledsagede Jesus under hans korsfæstelse. Ikke desto mindre vidste Jesus udmærket, at han ved sin død på korset ville bære synder og forbandelser, og dermed åbne vejen til menneskets frelse fra deres synder, og gøre dem til Guds børn. Hans egentlige smerte kom fra en anden kilde. Der var stadig mennesker, som ikke kendte til Guds forsyn, og som ikke modtog frelsen i deres lovløshed. Dette bragte ham større smerte.

Synder begået med hænder og fødder

Når først en syndefuld tanke er undfanget i hjertet, tilskyndes hænder og fødder til at begå synder. Den spirituelle lov er, at syndens løn er død, og når du begår synder, må du falde i helvede og lide dér til evig tid.

Det er derfor, Jesus siger: *"Og hvis din fod bringer dig til fald, så hug den af; du er bedre tjent med at gå lemlæstet ind til livet end med begge fødder i behold at kastes i helvede, hvor maddikerne ikke dør og ilden ikke slukkes. Og hvis dit øje bringer dig til fald, så riv det ud; du er bedre tjent med at gå ind i Guds rige med ét øje end med begge øjne i behold at kastes i helvede."* (Markusevangeliet 9:45-47).

Hvor mange gange har du begået synder med hænder og fødder siden fødslen? Nogle slår andre i vrede. Nogle stjæler og nogle mister deres formuer gennem spil. Mennesker bliver voldelige med deres fødder, og de går steder hen, hvor de ikke burde gå. Hvis dine fødder bringer dig til fald, er det derfor bedre at skære dem af og komme i himlen, end at blive kastet i helvede med to fødder.

Og hvor mange synder har du ikke begået med dine øjne? Grådighed og utroskab fortærer dig, når du ser noget med øjnene, som du ikke burde se. Det er derfor Jesus siger, at hvis dine øjne bringer dig til fald, så er det bedre at flå dem ud og komme i himlen end at blive kastet i helvede efter at havde begået synder med dem.

På tiden for det Gamle Testamente blev et øje revet ud, hvis man syndede med det, og hvis nogen begik en synd med sin hånd eller fod, blev hånden eller foden skåret af; hvis nogen begik mord eller utroskab, blev han stenet til døde (Femte Mosebog 19:19-21).

Uden Jesu lidelser på korset ville Guds børn selv i dag være nødt til at skære hænder og fødder af, hvis de begik synder med dem. Ikke desto mindre tog Jesus korset, blev sømmet gennem hænder og fødder, og udgød blod. Ved at gøre dette, vaskede han vores synder bort, og du skal ikke længere lide og behøver heller ikke betale prisen for dine synder. Hvor stor er hans kærlighed!

Du bør tænke på, at han renser dig for alle synder, hvis du går i lyset, idet han er i lyset, og du skal bekende dine synder og gå med ham (Første Johannesbrev 1:7). Derfor er det vigtigt, at du fylder dit hjerte med sandheden for at føre et sejrrigt liv med et taknemmeligt og nådefyldt hjerte, som altid er fokuseret på Gud.

Jesu knogler blev ikke knust, men hans blev stukket i siden med et spyd

Jesus døde på en fredag, dagen før sabbatten. På den tid blev der holdt sabbat om lørdagen, og jøderne ønskede ikke, at ligene blev efterladt på korsene under sabbatten.

Som man kan læse i Johannesevangeliet 19:31 bad jøderne Pontius Pilatus om, at de korsfæstedes ben måtte blive knust og de døde taget ned. Med tilladelse fra Pontius Pilatus knuste soldaterne benene på de røvere, som var blevet korsfæstet ved siden af Jesus, men de brækkede ikke Jesu ben, idet han allerede var død. På den tid blev de korsfæstede forbandet, og det var derfor, soldaterne brækkede deres ben. Der ligger et guddommeligt forsyn i, at Jesu ben ikke blev knust.

Hvorfor blev Jesu ben ikke knust?

Jesus, som var fri for synder, blev forbandet og hængt op på korset for at forløse alle mennesker fra lovens forbandelse. Satan kunne ikke brække hans ben, for Jesus døde ikke på grund af sine synder, men ved Guds forsyn. Desuden havde Gud beskyttet Jesus fra at få benene knust for at opfylde ordene i Salmerne Bog 34:20, hvor der står: *"Han beskytter alle hans knogler, ingen af dem bliver knust."*

I Fjerde Mosebog 9:12 fortæller Gud israelitterne, at de ikke må knuse lammets ben, når de spiser det. Han siger også i Anden Mosebog 12:46 at israelitterne må spise lammets kød, men de må ikke knuse dets knogler.

"Lammet" henviser til Jesus, som var pletfri og lydefri, og som ofrede sig selv som udsonende offer for menneskene og deres synder på grund af kærlighed til os. I overensstemmelse med skriften i Anden Mosebog 12:46, hvor der står: *"Det [lammet] skal spises i ét og samme hus; du må ikke bringe noget af kødet ud af huset. I må ikke knuse nogen af dets knogler,"* blev Jesu knogler ikke knust.

Han blev stukket i siden med at spyd

Johannesevangeliet 19:32-34 beskriver endnu en grufuld

scene:

> *Så kom soldaterne og knuste benene på den første og*
> *på den anden, som var korsfæstet sammen med Jesus.*
> *Da de kom til Jesus og så, at han allerede var død,*
> *knuste de ikke hans ben, med en af soldaterne stak ham i*
> *siden med et spyd, og der kom straks blod og vand ud.*

Selv om soldaterne allerede vidste, at Jesus var død, stak de ham alligevel i siden med et spyd, og forårsagede at blod og vand fløyd ud. Dette illustrerer menneskets ondskab.

Jesus forlangte ikke sine rettigheder som Gud, selv om han var Gud. I stedet gjorde han sig ydmyg; Han tog slavens ydmyge position og viste sig i form af et menneske. Og han adlød ydmygt ved at dø en forbryders død på korset. På denne måde åbnede Jesus døren til frelse for os (Filipperbrevet 2:6-8).

Under sit liv i denne verden gav Jesus de indelukkede frihed, de fattige rigdom, og helbredte de syge og de svage. Han havde ikke tid til at spise eller sove, idet han gjorde sit bedste for at proklamerer Guds ord, for at frelse så mange sjæle som muligt. Han tog til en bakke for at bede, selv om hans disciple hvilede sig.

Mange jøder forfulgte Jesus med misbilligelser, selv om han kun gjorde det gode. Til sidst korsfæstede de ham på et kors på grund af deres ondskab. Desuden stak de romerske soldater ham i siden med et spyd, selv om de vidste, at han var død. Dette fortæller os, at folk ophobede ondskab.

Gud viser os sin enorme kærlighed ved at sende sin enbårne

søn Jesus Kristus, og lade ham blive korsfæstet for at forløse os fra synder, uanset menneskets ondskab.

Udgød blod og vand fra siden

Som allerede nævnt stak en romersk soldat af ondskab Jesus i siden med et spyd, selv om han allerede vidste, at Jesus var død. Da soldaten stak ham i siden, flød blod og vand fra Jesu krop. Denne episode har tre betydninger.

For det første viser den, at Jesus kom iklædt kød som Menneskesønnen. I Johannesevangeliet 1:14 står der: *"Og ordet blev til kød og tog bolig iblandt os, og vi så hans herlighed, en herlighed, som den Enbårne har den fra Faderen, fuld af nåde og sandhed."* Gud kom til verden i kød, og han var Jesus.

Syndere kan ikke se Gud, fordi de fortabes, når de ser ham. Gud kan således ikke vise sig direkte for dem, og derfor kom Jesus til denne verden iklædt kød, og viste mange tegn, som fører os til at tro på Gud.

Bibelen fortæller os, at Jesus var et menneske ligesom os. I Markusevangeliet 3:20 står der: *"Så kom han hjem, og der samledes igen en skare, så de ikke engang kunne komme til at spise."* I Matthæusevangeliet 8:24 står der: *"Da blev der et voldsomt uvejr på søen, så båden skjultes af bølgerne. Men han sov."*

Nogle mennesker undrer sig over, at Jesus, Guds søn, kunne føle sult og smerte. Ikke desto mindre var Jesus iklædt kød med ben og muskler, og han var nødt til at spise og sove. Han led også af smerter på samme måde som os andre.

Det, at blod og vand flød fra hans krop, da de stak ham i siden med et spyd, giver dig overbevisende tegn på, at Jesus kom til denne verden i kød, selv om han er Guds søn.

For det andet er det endnu et bevis på, at også du kan få del i den guddommelige natur selv om du er af kød. Gud ønsker, at hans børn skal være hellige og perfekte som han selv. Så han siger: *"I skal være hellige, for jeg er hellig"* (Første Petersbrev 1:16) og *"Vær da fuldkomne, som jeres himmelske fader er fuldkommen."* (Matthæusevangeliet 5:48). Han opmuntrer dig også ved at sige: *"Og dermed har han også skænket os sine store, dyrebare løfter, så I ved dem kan slippe fri af forkrænkeligheden i denne verden med dens begær og få del i den guddommelige natur"* (Andet Petersbrev 1:4) og *"I skal havde det sind overfor hinanden, som var i Kristus Jesus."* (Filipperbrevet 2:5).

Jesus kom til denne verden i kød, og blev en tjener i overensstemmelse med Guds vilje, og fuldførte hele sin pligt. Han fuldførte loven med kærlighed ved at overkomme alle prøvelser og problemer, og ved at leve i overensstemmelse med Guds ord.

Selv om han kun var et menneske ligesom os, accepterede han velvilligt al smerten, og fulgte Guds vilje med udholdenhed og selvkontrol, og ofrede i kærlighed sig selv for at dø på et kors uden modstand eller klager.

Hvordan kan vi så få del i den guddommelige natur med samme hjerte som Kristus Jesus? Du må korsfæste din syndefulde natur som består i passion og begær, have spirituel kærlighed og bede inderligt om at få del i den guddommelige natur ved at havde det samme sind som Jesus.

På den ene side er der en kødelig kærlighed selvsøgende, og denne kærlighed bliver kold med tiden. Mennesker med denne slags kærlighed bedrager hinanden og lider af smerte, når de ikke er forenet.

På den anden side er der den kærlighed, som Gud ønsker, at du skal havde. Den er tålmodig, venlig og ikke selvcentreret. Det er den spirituelle kærlighed, som aldrig ændrer sig, og som opblomstrer dag for dag. Du kan havde samme sind som Jesus i samme grad, som du er i besiddelse af spirituel kærlighed og i samme grad som du bortkaster enhver slags ondt gennem oprigtig bøn.

Ligeledes kan enhver modtage Guds nåde og kraft, hvis de søger Guds hjælp gennem faste og oprigtig bøn. Gud arbejder også i dem for at uddrive enhver slags ondt. Du vil skinne som solen i det himmelske rige, hvis du er i besiddelse af spirituel kærlighed, producerer Helligåndens ni frugter (Galaterbrevet 5) og modtager saligprisningerne (Matthæusevangeliet 5).

For det tredje er det blod og vand, som Jesus udgød, kraftfuldt nok til at føre dig til det sande og evige liv.

Jesu blod og vand var pletfrit og lydefrit, idet han ikke havde nogen arvesynd og ikke havde begået nogen synd. Spirituelt set var det netop dette blod og vand, som kunne genopstå. Idet han udgød sit hellige blod, er dine synder blevet renset og du kan opnå et liv, der fører til frelse, genopstandelse og evigt liv.

Det vand, som flød fra Jesu krop, symboliserer det evige vand, Guds ord. Du kan blive fyldt med sandhed og blive et sandt barn af Gud i den udstrækning, du forstår hans ord og afkaster dig din synd ved at leve efter ordet.

Jesus, som var uden plet eller fejl, opgav alle ting, og udgød blod og vand for at give dig et sandt liv, selv om du ikke er bedre end et dyr.

Jeg håber, du forstår, at du vil blive frelst uden at have betalt nogen pris, og at du vil afkaste dig synderne ved at bede oprigtigt i troen, sådan at du kan leve et frugtsommeligt liv i Jesus Kristus.

Kapitel 7

De sidste syv udtalelser fra Jesus på korset

- Fader, tilgiv dem
- I dag skal du være med mig i Paradis
- Kvinde, dér er din søn. Dér er din mor
- *Eloí, Eloí, lama sabachthani?*
- Jeg tørster
- Det er fuldbragt
- Fader, i dine hænder betror jeg
  min ånd

Men Jesus sagde: "Fader, tilgiv dem, for de ved ikke, hvad de gør" (vers 34).

Men den anden satte ham i rette og sagde: "Frygter du ikke engang Gud, du som har fået samme dom? Og vi har fået den med rette; vi får kun løn som forskyldt, men han har intet ondt gjort." Og han sagde til ham: "Jesus, husk mig, når du kommer i dit rige." Og Jesus sagde til ham: "Sandelig siger jeg dig: I dag skal du være med mig i Paradis." Og det var nu omkring den sjette time, og der faldt mørke over hele jorden indtil den niende time, fordi solen formørkedes; og forhænget i templet flængedes midt igennem. Og Jesus råbte med høj røst: "Fader, i dine hænder betror jeg min ånd." Da han havde sagt det, udåndede han. (vers 40-46).

Lukasevangeliet 23:34, 40-46

De fleste mennesker genkalder deres liv, når døden står nær. Og de efterlader nogle sidste ord til familie og venner. På samme måde sagde Jesus, som blev kød og kom til jorden ved Guds forsyn, sine sidste ord idet han udåndede på korset. Disse kaldes "De sidste syv udtalelser fra Jesus på korset." Lad os undersøge den spirituelle betydning af disse udtalelser.

Fader, tilgiv dem

Forfatteren til Filipperbrevet beskriver Jesus på følgende måde:

> *I skal have det sind overfor hinanden, som var i Kristus Jesus, han, som havde Guds skikkelse, regnede det ikke for at rov at være lige med Gud, men gav afkald på det, og tog en tjeners skikkelse på og blev mennesker lig; og da han var trådt frem som et menneske, ydmygede han sig og blev lydig indtil døden, ja, døden på et kors. (Filipperbrevet 2:5-8).*

Jesus blev korsfæstet på korset for at demonstrere sin kærlighed og lydighed overfor Gud, sådan at han kunne åbne vejen til frelse for synderne. De mennesker, som stod ved korset, hånede Jesus og sagde: *"Andre har han frelst, lad ham nu frelse sig selv, hvis han er Guds salvede, den udvalgte."* (Lukasevangeliet 23:35).

Soldaterne hånede ham også, rakte ham eddike og sagde: *"Hvis du er jødernes konge, så frels dig selv"* (vers 37). En af de kriminelle, som hang der, spottede ham og sagde: *"Er du ikke Kristus? Frels dig selv og os!"* (vers 39).

Og da de kom til det sted, som kaldes Hovedskallen, korsfæstede de ham og forbryderne dér, den ene på hans højre og dem anden på hans venstre side. Men Jesus sagde: "Fader, tilgiv dem, for de ved ikke, hvad de gør." Så delte de hans klæder ved at kaste lod om dem (Lukasevangeliet 23:33-34).

Jesus bad til Gud om deres tilgivelse: "Fader, tilgiv dem, for de ved ikke, hvad de gør", mens han udåndede. Jesus bad Faderen om nåde og tilgivelse af de mennesker, som ikke vidste, at Jesus var Guds søn, og at han blev korsfæstet for at tilgive deres synder. Måske indså de end ikke, at deres handling var en synd. Dette var hans første ord fra korset.

Jesus beder med kærlighed for de mennesker, som korsfæster ham

Jesus, Guds søn, bad for dem, som korsfæstede ham, selv om han var både lyde- og pletfri. Hvor dyb og stor er hans kærlighed!

Jesus kunne nemt være kommet ned fra korset for at undgå sin korsfæstelse, idet han er ét med Gud den almægtige og får styrke af Gud Fader. Ikke desto mindre blev han korsfæstet for at fuldføre planen for frelse i overensstemmelse med Guds vilje. Derfor kunne han udholde alle lidelserne og skammen, bede for de andre i desperat kærlighed og søge om deres tilgivelse.

Jesus bad inderligt: *"Fader, tilgiv dem, for de ved ikke, hvad de gør."* Her henviser "de" ikke alene til dem, som korsfæstede og hånede ham, men til alle mennesker, som ikke modtager Jesus Kristus, og som fortsat lever i mørket. Ligesom de mennesker, som korsfæstede Jesus, Guds søn, er mange mennesker syndere, fordi de ikke kender Jesus Kristus og sandheden.

Din fjende, djævelen, tilhører mørket og hader lyset, så han korsfæstede Jesus, det sande lys. I dag kontrollerer djævlen de mennesker, som tilhører mørket, og får dem til at forfølge de mennesker, som går i lyset.

Hvordan kan man reagerer overfor forfølgere, som ikke kender sandheden?

Jesus lærer dig, hvad der er Guds vilje, og hvad en kristens sind skal være gennem de første ord fra korset. I Matthæusevangeliet 5:44 står der: *"Men jeg siger til jer: Elsk jeres fjender og bed for dem, der forfølger jer."* Så vi må være i stand til at bede for alle dem, som forfølger os, og sige: "Fader, tilgiv dem. De ved ikke, hvad de gør. Velsign dem sådan at også de må modtage Herren, og vi kan møde dem igen i himmelen."

I dag skal du være med mig i Paradis

To forbrydere blev også korsfæstet, da Jesus blev hængt på korset, som stod på Golgata, "Hovedskallen" (Lukasevangeliet 23:33). Den ene af de kriminelle spottede ham, men den anden satte ham i rette, angrede og tog imod Jesus som sin frelser. Jesus lovede ham da, at han skulle komme i Paradiset sammen med ham. Dette er anden gang, Jesus taler på korset.

Den ene af de forbrydere, som hang der, spottede ham og sagde: "Er du ikke Kristus? Frels dig selv og os!" Men den anden satte ham i rette og sagde: "Frygter du ikke engang Gud, du som har fået samme dom? Og vi har fået den med rette; vi får kun løn som forskyldt, men han har intet ondt gjort." Og han sagde til ham: "Jesus, husk mig, når du kommer i dit rige." Og Jesus sagde til ham: "Sandelig siger jeg dig: I dag skal du være med mig i Paradis." (Lukasevangeliet 23: 39-43).

Jesus erklærede, at han var Messias, som kunne tilgive syndere og redde dem, når de angrede. Dette fremgår af hans anden udtalelse fra korset.

Når man studerer de fire evangelier, ser man, at de to forbryderes reaktioner er skrevet på forskellige måder. I Matthæusevangeliet 27:44 står der: *"Også røverne, der var korsfæstet sammen med ham, hånede ham på samme måde."* I Markusevangeliet 15:32 står der: *""Kristus, Israels konge - lad ham nu stige ned fra korset, så vi kan se og tro!' Også de, der var korsfæstet sammen med ham, hånede ham."* I disse to evangelier står der, at begge forbryderne spottede Jesus.

Men i Lukasevangeliet 23 kan vi lære, at den ene forbryder satte den anden i rette og angrede sine synder, tog imod Jesus Kristus og blev frelst. Dette skyldes ikke, at evangelierne ikke er i overensstemmelse med hinanden. Gud har i stedet i sit forsyn lader forfatterne skrive det på forskellige måder. I Bibelen er Guds forsyn og historiske elementer kondenseret. Hvis alt blev skrevet i detaljer, ville end ikke tusinde Bibler være tilstrækkelige.

I dag kan man optage ting med et videokamera, og så kan man se det senere, men på Jesu tid fandtes der ikke noget sådant udstyr, så de kunne end ikke tage billeder af disse væsentlige begivenheder. De kunne kun nedskrive dem. Gennem de små forskelle kan du opleve og genleve de særlige situationer endnu mere realistisk.

En bedre forståelse for Jesu korsfæstelse

Da Jesus forkyndte budskabet, var de en stor skare, der fulgte ham. Nogle ønskede at høre hans budskab, andre ønskede at se mirakler og tegn fra himlen, nogle ville have mad og endnu andre solgte deres ejendomme for at følge og tjene Jesus.

I Lukasevangeliet 9, takker Jesus for fem brød og to fisk. Antallet af mennesker, som spiste, var omkring fem tusinde (Lukasevangeliet 9:12-17). Tænk på, hvor mange flere mennesker, inklusiv dem, som elskede eller hadede Jesus, og andre i folkemængden, som må have samlet sig på pladsen, hvor han blev korsfæstet. Folkeskaren omringede korset, så soldaterne måtte holde dem tilbage med spyd og sværd. Forestil dig menneskene, som råbte af Jesus i en cirkel omkring korset. Folket spottede ham. Selv den ene af de to forbrydere, som hang på hver side af Jesus hånede ham.

Hvem ville have været i stand til at høre, hvad den første kriminelle sagde? Der var sandsynligvis en voldsom larm, sådan at kun de mennesker, som stod tæt nok på Jesus, kunne høre det, han sagde. Den anden forbryder sagde noget i retning af Jesus med et forkert udtryk i ansigtet. Denne forbryder satte rent faktisk den anden i rette for at have spottet Jesus. Men de mennesker, som stod langt derfra, kan let have troet, at denne angrende forbryder irettesatte Jesus, som hang i midten. Dette var tilfældet for forfatterne af Matthæus- og Markusevangelierne, som ikke kunne høre den angrende forbryder tydeligt, og troede, at også han spottede Jesus.

Omvendt kunne Lukasevangeliets forfatter tydeligt høre, så han vidste, at en af de to forbrydere ikke hånede, men i stedet angrede. De forskellige forfattere opholdt sig på forskellige steder, og skrev derfor forskellige ting.

Gud, som ved alt, lod dem skrive på forskellige måder, sådan at senere generationer kunne få en klar fornemmelse for situationen.

En plads i himlen til den angrende kriminelle

Jesus lovede den forbryder, som angrede på korset før sin

død: "I dag skal du være med mig i Paradis." Dette har en
spirituel betydning.

Himlen, Guds rige, er større end man kan forestille sig. Jesus
fortæller os i Johannesevangeliet 14:2: *"I min faders hus er der
mange boliger; hvis ikke, ville jeg så have sagt, at jeg går bort
for at gøre en plads rede for jer?"* I Salmernes Bog opfordres vi
til følgende: *"Lovpris ham himlenes himmel, og I vande oppe
over himlen."* (Salmernes Bog 148:4). I Nehemias Bog 9:6
prises Gud, som har skabt himlen, selve himlenes himmel. I
Andet Korintherbrev 12.2 står der om *"et menneske i Kristus
som for fjorten år siden—om det var i legemet eller uden for
legemet ved jeg ikke, Gud ved det—blev rykket bort til den
tredje himmel."* I Johannesåbenbaringen 21:2 står der, at i det
Nye Jerusalem står Guds trone.

Der er mange boliger i himlen. Men du får ikke lov at leve
hvor som helst, du har lyst. Restfærdighedens Gud vil belønne
hver og én i overensstemmelse med, hvad man har gjort i denne
verden: I hvilken grad du imiterer din Herre, arbejder for Guds
rige og i hvilken grad du oplagrer gode gerninger i himlen
(Matthæusevangeliet 11:12 og Johannesåbenbaringen 22:12).

I Johannesevangeliet 3:6 står der: *"Det, som er født af kødet,
er kød, og det, der er født af ånden, er ånd."* Afhængig af i
hvilken grad et menneske gør sig fri af kødelige ting og bliver et
spirituelt menneske, vil boligerne i himlen blive delt op i grupper
med samme spirituelle niveau.

Ethvert sted i himlen er naturligvis smukt, idet det er Gud,
der regerer der. Men selv i himlen er der forskelle. For eksempel

er livsstil, hobbyer, levestandart og lignende i byerne meget anderledes end på landet. På samme måde er den hellige by, det Nye Jerusalem, det mest storslåede sted i himlen, og det er der, Guds trone står og hvor de af hans børn, som ligner ham mest, vil bo.

Men Paradis er det sted, hvor den forbryder, som angrede på korset i de sidste øjeblikke inden sin død, skal bo. Det ligger i udkanten af himmelen. Mange andre, som modtager en skamfuld frelse, vil bo der. Disse mennesker modtager Jesus Kristus, men er ikke blevet forandret rent spirituelt.

Hvorfor kom den angrende forbryder i Paradis? Han bekendte, at han var en synder af hele sig hjerte, og modtog Jesus som sin frelser. Men han kom ikke af med nogle af sine synder, levede ikke i overensstemmelse med Guds ord, og forkyndte ikke for andre. Han arbejdede ikke for Herren. Han gjorde ikke noget for at modtage en himmelsk pris. Det er derfor, han kom ind i Paradis, det mest ydmyge sted i himlen.

Jesu opstigning til den højere grav

Selv om Jesus lovede forbryderen: "I dag skal du være med mig i Paradis", betyder dette ikke, at Jesus lever i Paradis i himlen. Jesus, kongernes konge og herrernes Herre vogter over alle Guds børn i hele himlen, inklusiv Paradis og Ny Jerusalem. På denne måde er han ligeligt i Paradis og på andre steder indenfor himmelen.

Da Jesus sagde til den frelste forbryder: "I dag skal du være med mig i Paradis", henviste "i dag" ikke alene til den særlige dag, hvor Jesus døde på korset. Jesus nævnte, at han ville være med den angrende forbryder hvor som helst han var, fra det øjeblik, han blev Guds barn.

Ifølge Bibelen tog Jesus ikke til Paradis efter sin død. I Matthæusevangeliet 12:40 fortæller Jesus nogle farisæere, at *"som Jonas var i bugen på havdyret i tre dage og tre nætter, sådan skal Menneskesønnen være i jordens skød i tre dage og tre nætter."* I Efeserbrevet 4:9 står der: *"Men at han er steget op, hvad andet betyder det, end at han også er steget ned til den lave jord?"* Desuden står der i Første Petersbrev 3:18-19: *"For også Kristus led én gang for menneskers synder, som retfærdig led han for uretfærdiges skyld for at føre jer til Gud. Han blev dræbt i kødet, gjort levende i Ånden; og i den gik han til de ånder, der var i fængsel, og prædikede for dem."* Jesus tog til den højere grav og prædikede budskabet for ånderne, før han genopstod på tredjedagen. Hvorfor var dette nødvendigt?

Før Jesus kom til denne verden, var der mange mennesker på det Gamle Testamentes tid og endog i det Nye Testamentes tid, som ikke havde mulighed for at høre budskabet, men de levede i godhed, og tog imod Gud. Betyder dette, at de alle kom i helvede, alene fordi de ikke vidste, hvem Jesus var?

Gud sendte sin enbårne søn til denne verden, og enhver, der modtager ham, vil blive frelst. Gud ville ikke have startet den menneskelige kultivering for kun at frelse dem, som modtog Jesus efter hans korsfæstelse. De, som ikke have mulighed for at høre budskabet, men som levede med god samvittighed, vil blive dømt i overensstemmelse med deres samvittighed.

De mennesker, som har gode hjerter, vil samles på denne

måde i den "højere grav". Omvendt vil de onde sjæle leve i "Hades" indtil Dommedag. Efter sin korsfæstelse tog Jesus til den højere grav for at prædike budskabet for de ånder, som ikke kendte til det, men som levede med god samvittighed og var værdige til at blive frelst.

Der er ikke givet mennesket noget andet navn under himlen, hvorved de kan blive frelst, end Jesus Kristus. Det er derfor, Jesus tog afsted for at prædike om sig selv til ånderne, sådan at de kunne modtage ham og blive frelst.

Der står i Bibelen, at de ånder, som frelses før Jesu korsfæstelse, skal føres til Abrahams skød (Lukasevangeliet 16:22), men bæres til Jesus efter hans genopstandelse.

Frelse i overensstemmelse med dom af samvittigheden

Før Jesus kom til denne verden for at sprede budskabet, havde gode mennesker levet efter retfærdigheden i deres hjerter. Dette er samvittighedens lov. Gode mennesker gjorde ikke noget ondt, selv om de havde problemer og stod overfor vanskeligheder, idet de lyttede til stemmen i deres hjerter.

I Romerbrevet 1:20 står der: *"For hans usynlige væsen, både hans evige kraft og hans guddommelighed, har kunnet ses siden verdens skabelse, og kendes på hans gerninger. De har altså ingen undskyldning."*

Ved at se universet, og hvordan alt på jorden er i harmoni, kan mennesker med gode hjerter tro, at der er et evigt liv. Det er derfor, de ikke lever i overensstemmelse med deres syndefulde natur, men kontrollerer sig i gudsfrygt for ikke at nyde verdslige goder. I Romerbrevet 2:14-15 står der: *"For når hedninge, der ikke har loven, af naturen gør, hvad loven siger, så er de, uden at have lov, deres egen lov. De viser, at de har den gerning, som loven kræver, skrevet i deres hjerter, og deres samvittighed optræder som vidne, og deres tanker anklager eller forsvarer hinanden."*

Gud gav kun loven til israelitterne, men ikke til hedningene. Ikke desto mindre kan hedningene leve, som om de lever efter loven, når de lever i overensstemmelse med deres hjerter, og deres samvittighed er opnået og bliver praktiseret ved dem selv. Man kan ikke sige, at de, som ikke troede på Jesus Kristus ikke kan blive frelst, bare fordi de ikke hørte budskabet, mens de levede.

Blandt dem, som døde uden at kende Jesus Kristus, var der nogle mennesker, som kunne kontrollerer sig overfor ondskaben, fordi de havde rene hjerter. Disse mennesker vil blive frelst i overensstemmelse med Guds dom af deres samvittighed.

Kvinde, dér er din søn. Dér er din mor

Apostelen Johannes skrev det, som han så og hørte fra Jesu kors. Der var mange kvinder, inklusiv Maria, Jesu mor; Salome, hans mors søster; Maria, Klopas' hustru; og Maria Magdalena. I Johannesevangeliet 19:26-27 siger Jesus til den sørgende Maria, at hun skal tænke på Johannes som sin søn, og til Johannes at han skal tage sig af Maria som sin mor.

Da Jesus så sin mor og ved siden af hende den
discipel, han elskede, sagde han til sin mor: "Kvinde,
dér er din søn." Derpå sagde han til disciplen: "Dér er
din mor." Fra den time tog disciplen hende hjem til sig.

Hvorfor kaldte Jesus Maria for "kvinde", og ikke "mor"?

Ordet "mor" siges ikke af Jesus, men skrives af apostlen
Johannes fra hans perspektiv. Hvorfor kalder Jesus sin mor, som
har født ham, for "kvinde"?

Ifølge Bibelen kaldte Jesus ikke sin mor for "mor". Dette
fremgår for eksempel i Johannesevangeliet 2:1-11, hvor Jesus
udretter det første mirakel ved at forvandle vand til vin. Dette
mirakel fandt sted ved at bryllup i Kana i Galilæa. Jesus og hans
disciple var blevet inviteret til brylluppet. Da vinen slap op,
sagde Maria til ham: *"De har ikke mere vin"*, idet hun vidste, at
Jesus, som var Gud søn, ville være i stand til at forvandle vand til
vin. Jesus svarede hende: *"Hvad vil du mig, kvinde? Min time er*
endnu ikke kommet." (vers 4).

Jesus svarede, at tidspunktet for at vise sig som Messias,
endnu ikke var kommet, selv om Maria havde ondt af gæsterne,
fordi der ikke var mere vin tilbage. At forvandle vand til vin
betød i spirituel forstand, at Jesus ville udgyde sit blod på korset.

Jesus forkyndte, at han var kommet til denne verden som
vores frelser, ved at fuldende den guddommelige plan for den
menneskelige frelse på korset. Så han kaldte Maria for "kvinde",
og ikke "mor".

Vores frelser Jesus er Gud i treenigheden, og Skaberen. Gud er skaberen, som er den, Han Er (Anden Mosebog 3:14), og han er den første og den sidste (Johannesåbenbaringen 1:17; 2:8). Derfor har Jesus ikke en mor, og det er derfor, han kalder hende "Kvinde" og ikke "mor". I dag er der mange af Guds børn, som henviser til Maria som Jesu "Hellige moder", og endda laver små statuer af hende og tilbeder dem. Du må forstå, at dette er fuldstændige forkert, idet hun ikke er mor til vores frelser (Anden Mosebog 20:4).

Det himmelske borgerskab

Jesus trøstede Maria, som var meget fortvivlet på grund af hans korsfæstelse, og sagde til sin elskede discipel Johannes, at han skulle tage sig af Maria som af sin egen mor. Selv om Jesus led af voldsomme smerter på korset, så følte han stadig stor omsorg over for det, der ville ske med Maria efter hans død. På dette sted kan man stadig mærke hans kærlighed.

Gennem Jesu tredje udtalelse fra korset, kan vi indse, at i troen er vi alle brødre og søster - Guds familie. I Matthæusevangeliet 12 er der en scene, hvor Jesu familie kommer for at se ham. Da Jesus får at vide, at hans mor og brødre står udenfor, siger han følgende til folkemængden:

"Hvem er min mor, og hvem er mine brødre?" Og han pegede på sine disciple og sagde: "Se, her er min mor og mine brødre. For den, der gør min himmelske faders vilje, er min bror og søster og mor." (Matthæusevangeliet

12:48-50).

Efterhånden som din tro vokser, efter at du har modtaget Jesus Kristus, vil du få en klarere fornemmelse af borgerskab i himmelen, og din kærlighed til dine brødre og søstre i troen vil blive større end kærligheden til dine biologiske familiemedlemmer. Hvis dine familiemedlemmer ikke er Guds børn, vil din familie ikke vedblive at være en "familie" til evig tid. Relationerne i din familie vil slutte med døden. Hvis de ikke tro på Jesus Kristus eller ikke lever efter Guds vilje, selv om de hævder, at de tror på Gud, så vil de komme i helvede, fordi syndens løn er døden (Matthæusevangeliet 7:21).

Dit synlige kød vil gå tilbage til støvet efter døden, men du har en udødelig ånd. Hvis Gud tager din ånd, vil du kun være et lig, som hurtigt vil rådne. Gud skaberen dannede først mennesket fra støvet, og åndede derefter liv ind i hans næsebor, sådan at hans ånd blev udødelig. Det er Gud, som giver liv til din udødelige ånd, og får kødet til at vende tilbage til støvet. Derfor er han din sande Fader.

Matthæusevangeliet 23:9 fortæller os: *"I må ikke kalde nogen på jorden jeres fader; for én er jeres fader, han, som er i himmelen."* Dette betyder ikke, at du ikke skal elske de af dine familiemedlemmer, som ikke er troende. Det er meget vigtigt, at du i sandhed elsker dem, prædiker budskabet for dem og fører dem til at tage imod Jesus Kristus.

Eloí, Eloí, lama sabachthani?

Jesus blev korsfæstet på korset i den tredje time, og fra den sjette time blev der mørkt over hele jorden indtil den niende time, hvor han udåndede. Hvis vi skal konvertere dette til en moderne tidsopfattelse, blev han korsfæstet kl. 9 om morgenen, og tre timer senere ved middag, blev jorden mørk indtil kl. 3 om eftermiddagen.

Og da den sjette time kom, faldt der mørke over hele jorden indtil den niende time. Og ved den niende time råbte Jesus med høj røst: "Eloí, Eloí, lama sabachthani?" - det betyder: "Min Gud, min Gud, hvorfor har du forladt mig?" (Markusevangeliet 15:33-34).

Seks timer senere, i den niende time, råber Jesus til Gud: "Eloí, Eloí, lama sabachthani?" Dette er fjerde gang, Jesus udtaler sig fra korset.

Jesus var udmattet, idet han havde hængt på korset i seks timer og mistet blod og vand i den stærke sol i ørkenen. Han var fuldstændig udmattet. Så hvorfor råbte han?

Hver af de syv udtalelser fra Jesus på korset har en spirituel betydning. Hvis de ikke havde været hørlige, ville de have været nyttesløse. De syv udtalelser havde til hensigt at blive skrevet tydeligt i Bibelen, sådan at alle og enhver kan forstå Guds vilje. Derfor råbte han de syv udtalelser fra korset af hele sin styrke, sådan at de, som stod rundt om korset, kunne høre dem tydeligt og skrive dem ned.

Nogle siger, at Jesus råbte i modvilje mod Gud, fordi han havde været nødt til at komme til denne verden i kød og udholde stor smerte uden formål. Men dette er bestemt ikke sandt.

Hvorfor råbte Jesus: *"Eloí, Eloí, lama sabachthani?"*

Grunden til, at Jesus kom til jorden, var for at ødelægge djævlens værk og åbne døren til frelse for os. Jesus adlød dermed Guds vilje indtil døden, og ofrede sig selv fuldt ud. Før sin korsfæstelse, bad han indtrængende, og hans sved var ligesom bloddråber, der faldt til jorden (Lukasevangeliet 22:42-44). Han bar sin byrde og var fuldt bevidst om den lidelse, han måtte udholde på korset.

Han udholdt mishandling og lidelse på korset, fordi han kendte Guds plan for menneskene. Hvordan kunne han da føle modvilje mod at gå døden i møde? Hans råb var ikke et suk af sorg eller bebrejdelse mod Gud. Jesus havde flere grunde til at råbe, som han gjorde.

For det første ville Jesus forkynde for verden, at han blev korsfæstet for at forløse alle syndere fra synden

Han ville, at alle skulle forstå, at han havde forladt sin ære i himlen og var blevet ladt ude af betragtning af Gud, selv om han var hans enbårne søn. Han råbte for at lade alle vide, at han led af voldsomme smerter på korset, for at redde og forløse alle syndere fra synden. Bibelen viser os, at han plejede at kalde Gud "min

Fader", men på korset kaldte Jesus ham "min Gud". Dette skyldes, at Jesus tog korset på vegne af synderne, og syndere kan ikke kalde Gud for "Fader".

I dette øjeblik måtte Gud lade Jesus ude af betragtning som en synder, der bærer alle menneskenes synder, og Jesus vovede ikke at kalde Gud for "Fader". På samme måde kalder du Gud "Abba, Fader", når der er gensidig kærlighed, men du kalder ham "Gud" i stedet for "Fader", når du er langt fra Gud, fordi du har begået synder eller har en svag tro.

Gud ønsker, at alle mennesker skal blive hans sande børn, som kalder ham "Fader", ved at tage imod Jesus Kristus og gå i lyset.

For det andet ønskede Jesus at advare de mennesker, som ikke kendte Guds vilje og stadig levede i mørket

Gud sendte sin enbårne søn Jesus Kristus til denne verden og lod ham blive hånet og korsfæstet af hans egne skabninger. Jesus vidste, hvorfor Gud vendte blikket bort fra sin søn, men folkeskaren, som havde korsfæstet ham, kendte ikke Guds vilje. Han råbte: *"Min Gud, min Gud, hvorfor har du forladt mig?"* for at lade de uvidende forstå Guds kærlighed og angre, sådan at de kunne komme på frelsens vej.

Jeg tørster

I det Gamle Testamente er der mange profetier omkring Jesu

lidelser på korset. I Salmernes Bog 69:21 står der: *"De gav mig malurt at spise og eddike til at slukke min tørst."* Som det forudsiges i denne salme, gav man Jesus eddike fra en svamp, der var sat på en isopstængel, og stak den op til hans mund, efter at han havde sagt: "Jeg tørster."

> *Derefter, da Jesus vidste, at alt nu var fuldbragt, og for at Skriften skulle opfyldes, sagde han: "Jeg tørster." Der stod et kar fyldt med eddike. De satte så en svamp fyldt med eddiken på en isopstængel og stak den op til hans mund. (Johannesevangeliet 19:28-29).*

Længe før Jesus Kristus blev født i Betlehem by, så forfatteren til Salmernes Bog i en vision, at Jesus ville blive korsfæstet og dø på korset, og skrev det. Jesus sagde: "Jeg tørster", sådan at Skriften kunne blive opfyldt.

Lad os tænke over den spirituelle betydning af Jesu femte udtalelse fra korset: "Jeg tørster."

Jesus forkynder sin spirituelle tørst

Mange mennesker kan udholde sult, men ikke tørst. Jesus var grundigt udmattet, fordi han havde hængt på korset i seks tider og havde udgydt blod under den flammende ørkensol. Hans tørst var større, end vi kan forestille os.

Det betyder ikke, at Jesus ikke kunne udholde sin tørst, da han sagde: "Jeg tørster." Han vidste, at han meget snart ville vende tilbage til Guds fred. Rent faktisk gav den spirituelle tørst ham større smerter end den fysiske tørst. Det er Jesu stærke tørst for Guds børn: "Jeg er tørstig, for jeg har udgydt mit blod. I skal lindre min tørst ved at betale for mit blod."

To tusinde år er gået, siden Jesu død på korset, men han fortæller os stadig, at han tørster. Hans tørst skyldtes, at han havde udgydt sit blod. Han udgød sit blod for at tilgive dine synder og give dig evigt liv.

Jesus fortæller dig, at han tørster for at demonstrere sin vilje til at frelse de fortabte sjæle. Derfor må Guds børn, som frelses ved Jesu blod, kompensere for dette blod. Du betaler for hans blod og slukker hans tørst ved at lede de mennesker, som er på vej til helvede uden at vide det, ind i himmelen.

Derfor skal du være taknemmelig overfor Jesus, som udgød sit blod, og slukke hans tørst ved at føre mennesker på frelsens vej.

Det er fuldbragt

I Johannesevangeliet 19:30 står der, at Jesus drak eddiken og sagde: *"Det er fuldbragt"*, bøjede hovedet og opgav ånden. Jesus tog imod svampen, som var sat på en isopstængel. Det var ikke fordi, han ikke kunne udholde tørsten. Der var en spirituel mening med hans handling. Jesus kom til jorden i kød for at blive korsfæstet på korset for menneskehedens synder. I sin store kærlighed til os opfyldte Jesus loven i det Gamle Testamente og bar alle menneskets synder og forbandelser på vores vegne. På tiden for det Gamle Testamente ofrede folk dyrenes blod til

Gud, når de havde syndet. Men Jesus foretog en enkelt ofring for alle synder til evig tid ved at udgyde sit blod (Hebræerbrevet 10:11-12). Dine synder er dermed tilgivet, når du modtager Jesus Kristus, for han har allerede forløst dig. Indløsningens nåde gennem Jesus Kristus symboliseres ved ny vin, og han drak vineddike for at give os ny vin.

Den spirituelle betydning af "Det er fuldbragt"

Jesus sagde: "Det er fuldbragt" og opgav ånden. Hvad betyder dette spirituelt set? Jesus blev kød, kom til jorden, prædikede budskabet, helbredte alle lidelser og sygdomme, og åbnede vejen til frelse ved at tage korset for alle dem, som gik døden i møde.

Han opfyldte loven i det Gamle Testamente med kærlighed, idet han ofrede sig selv indtil døden. Han vandt også fuldt ud over djævelen ved at ødelægge djævlens værk. Det vil sige, at han fuldførte den guddommelige plan for menneskets frelse. Det var derfor, Jesus sagde: "Det er fuldbragt" på korset.

Gud ønsker, at hans børn skal fuldføre alt ved at leve i overensstemmelse med hans vilje, ligesom hans enbårne søn Jesus fuldførte alle forsyn for frelse ved at adlyde sin Fader fuldt ud og endog ofre sit liv i overensstemmelse med Guds vilje og plan. Du må således først imitere din Herres hjerte ved at opnå spirituel kærlighed: Bære Helligåndens ni frugter (Galaterbrevet 5:22-23) og opnå Salighedsprisningerne (Matthæusevangeliet 5:3-10). Og så må du være trofast overfor det arbejde, som Herren giver dig. Du må føre mange mennesker til Herren ved at bede indtrængende, prædike budskabet og tjene kirken.

Jeg håber at du, Guds dyrebare barn, vil overkomme verden med fast tro, håb om himmelen og kærlighed til Gud, og at du vil bekende: "Det er fuldbragt" ved at adlyde Gud og hans vilje på den måde som vores Herre Jesus Kristus har demonstreret.

Fader, i dine hænder betror jeg min ånd

Jesus var fuldstændig udmattet, da han ytrede sine sidste ord fra korset. I denne tilstand råbte han med høj stemme: "Fader, i dine hænder betror jeg min ånd."

Og Jesus råbte med høj røst: "Fader, i dine hænder betror jeg min ånd." Da han havde sagt det, udåndede han. (Lukasevangeliet 23:46).

Læg mærke til, at Jesus kalder Gud for "Fader" i stedet for "min Gud". Dette viser, at Jesus nu har fuldført sin mission som udsonende offer.

Jesus overgav sin ånd og sjæl til Gud

Hvorfor overgav Jesus, der kom til jorden som vores frelser, sin ånd og sjæl i sin Faders hænder?

Mennesket består af ånd, sjæl og krop (Første Thessalonikerbrev 5:23). Når det dør, forlader dets ånd og sjæl kroppen. Ånden og sjælen vil vende tilbage til Guds side, hvis der er tale om et af Guds børn. Hvis ikke, vil ånden og sjælen komme i helvede (Lukasevangeliet 16:19-31). Kroppen begraves, og vender tilbage til støvet. Jesus, Guds søn, blev kød og kom til denne verden. Han havde ånd, sjæl og krop på samme måde som os. Da han blev korsfæstet, døde hans krop, men ikke hans ånd og hans sjæl; han overgav ånd og sjæl i Guds hænder.

Gud modtager både din ånd og din sjæl, når du dør. Hvis Gud kun modtager ånden, men ikke sjælen, vil du aldrig opleve sand lykke i himlen eller være taknemmelig af hele dit hjerte. Hvorfor? Du vil ikke huske de ting, der kommer fra din sjæl, såsom tårer, sorg, lidelser og andre ting, som du har udholdt på denne jord. Det er derfor, Gud tager imod både ånden og sjælen.

Hvorfor overgav Jesus sin ånd og sjæl til Gud? Det er fordi, Gud er Skaberen, som regerer over alt i universet og tager vare på vores liv, død, forbandelser og velsignelser. Det vil sige, at alt tilhører Gud og er under hans herredømme. Gud er den eneste, som besvarer dine bønner. Derfor måtte selv Jesus bede for at overgive sin ånd og sjæl til Gud Fader (Matthæusevangeliet 10.29-31).

Jesus bad med høj stemme

Hvorfor bad Jesus med høj stemme, selv om han led store smerter, da han sagde: "Fader, i dine hænder betror jeg min ånd?" Det skyldes, at han ønskede, at folk hørte det, for at lade dem vide at det er Guds vilje at bede højlydt. Hans bøn om at overgive sin ånd til Gud var lige så inderlig som hans bøn i

Getsemane, kort før han blev arresteret.

Jesus bøn: "Fader, i dine hænder betror jeg min ånd" viser også, at Jesus fuldførte alt i overensstemmelse med Guds vilje. Det vil sige, at han kunne overgive sin ånd til Gud med stolthed efter at han havde fuldført sit arbejde med fuld lydighed overfor Gud.

Apostelen Paulus bekendte: *"Jeg har stridt den gode strid, fuldført løbet og bevaret troen. Nu har jeg retfærdighedens sejrskrans i vente, som Herren, den retfærdige dommer, på den dag vil give mig - og ikke mig alene, men alle dem, som har glædet sig til hans tilsynekomst."* (Andet Timothæusbrev 4:7-8).

Diakonen Stefanus levede også i overensstemmelse med Guds vilje og fastholdt sin tro. Derfor kunne han bede: "Herre Jesus, tog imod min ånd", da han udåndede (Apostlenes Gerninger 7:59). Stefanus og apostelen Paul kunne ikke have bedt på denne måde, hvis de havde ført verdslige liv, og søgt de nydelser, som stammer fra den syndefulde natur. Ligeledes kan du stolt sige: "Det er fuldbragt" og "Fader, i dine hænder betror jeg min ånd" på samme måde som Jesus, når du har levet i overensstemmelse med Gud Faders vilje.

Hvad skete der efter Jesu død?

Jesus døde på korset efter at have udtalt sine sidste ord med høj stemme. Det var i den niende time (kl. 3 om eftermiddagen). Selv om det stadig var dag, kom mørke over hele landet fra den sjette time (middag) til den niende time, og forhænget i templet blev flænget i to (Lukasevangeliet 23:44-45).

> *Og se, forhænget i templet flængedes i to dele, fra øverst til nederst. Og jorden skælvede, og klipperne revnede, og gravene sprang op, og mange af de hensovede helliges legemer stod op, og de gik ud af deres grave og kom efter hans opstandelse ind i den hellige by og viste sig for mange. (Matthæusevangeliet 27:51-53).*

Der er en væsentlig spirituel betydning med frasen: "forhænget i templet flængedes i to dele, fra øverst til nederst." Det lange forhæng i templet var der for at dele det hellige sted fra det helligste hellige. Ingen udover præsterne kunne gå ind på det hellige sted, og kun højstepræsten kunne gå ind i det helligste hellige en gang om året.

Flængningen af forhænget viser, at Jesus gav sig selv som et fredsoffer for at nedrive syndernes mur. Før forhænget blev flænget i to, gav højstepræsten offergaver på vegne af folk for formidlede dem for Gud.

Du kan have et direkte forhold til Gud, fordi syndernes mur er blevet revet ned gennem Jesu død. Det vil sige, at enhver, som tror på Jesus Kristus kan komme ind i det helligste, og bede til Gud uden at højstepræster eller profeter formidler noget.

Derfor bemærker forfatteren af Hebræerbrevet: *"Brødre, ved Jesu blod har vi altså frimodighed til at gå ind i helligdommen ad den nye, levende vej, som han har åbnet for os gennem forhænget, det vil sige ved sit jordiske legeme."*

(Hebræerbrevet 10:19-20).

Desuden skælvede jorden og klipperne revnede. Alle disse unaturlige hændelser fortæller dig, at hele naturen i denne verden blev rystet. Det var en repræsentation af Guds sorg, forårsaget af menneskets ondskab. Gud udtrykte, at han var dybt såret, fordi menneskets hjerter var så hårde, at de ikke modtog Jesus Kristus, selv om han havde givet sin enbårne søn for at frelse dem.

Gravene sprang op, og legemerne af mange hellige mennesker, som var døde, genopstod til livet. Dette er bevis for genopstandelsen, og for at enhver, som tror på Jesus Kristus tilgives og lever igen.

Derfor håber jeg, at du forstår den spirituelle betydning og kærlighed, som ligger i Herrens sidste syv udtalelser fra korset, sådan at du kan leve et sejrende kristent liv i længsel efter Herrens tilsynekomst ligesom forfædrene i troen.

Kapitel 8

SAND TRO OG EVIGT LIV

- Hvor er det en dybsindig hemmelighed!
- Falske bekendelser fører ikke til frelse
- Menneskesønnens kød og blod
- Tilgivelse kun ved at gå i lyset
- Tro ledsaget af handling er sand tro

Den, der spiser mit kød og drikker mit blod, har evigt liv, og jeg skal oprejse ham på den yderste dag. For mit kød er sand mad, og mit blod er sand drik. Den, som spiser mit kød og drikker mit blod, bliver i mig, og jeg i ham. Ligesom den levende Fader har udsendt mig, og jeg lever i kraft af Faderen, sådan skal også dem, der spiser mig, leve i kraft af mig.

Johannesevangeliet 6:54-57

Det endelige mål for dem, som tror på Jesus Kristus og går i kirke, er at blive frelst og at opnå evigt liv. Ikke desto mindre er der mange mennesker, som tror, at de vil blive frelst bare ved at gå i kirke om søndagen og at sige, at de tror på Jesus Kristus uden at leve i overensstemmelse med Guds ord.

Naturligvis er det, som der står i Galaterbrevet 2:16: *"Men fordi vi ved, at mennesket ikke kan gøres retfærdigt af lovgerninger, men kun ved tro på Jesus Kristus, har også vi sat vores lid til Kristus Jesus for at gøres retfærdige af tro på Kristus og ikke af lovgerninger. For ved lovgerninger vil intet menneske blive retfærdigt."* Man kan ikke komme i himlen eller blive retfærdig bare ved at overholde loven udadtil, særligt ikke, hvis ens hjerte er fuldt af ondskab. Man har ikke noget forhold til Jesus Kristus, hvis man fortsætter med at begå synder og ikke følger Guds ord, selv efter at man har lært om det. Derfor må du indse, at det er vanskeligt for dig at blive frelst bare ved at erklære din tro med læberne. Jesu Kristi blod renser dig fra dine synder og frelser dig, men kun hvis du går i lyset og lever i sandheden. Du må have sand tro, som følges af handlinger (Første Johannesbrev 1:5-7).

Lad os nu se nærmere på, hvordan man kan have sand tro for at modtage hele frelsen og evigt liv som et ægte barn af Gud.

Hvor er det en dybsindig hemmelighed!

Der står i Efeserbrevet 5:31-32: *"Derfor skal en mand forlade sin far og sin mor og binde sig til sin hustru, og de to skal blive ét kød. Dette rummer en stor hemmelighed - jeg sigter til Kristus og kirken."* Det er almindelig sund fornuft, at folk forlader deres forældre og forener sig med deres mand eller kone, når de bliver voksne. Hvorfor siger Gud så, at det er en hemmelighed? Hvis du fortolker og forstår dette vers bogstaveligt, vil du ikke vide, hvad denne store hemmelighed er, men når du indser den spirituelle betydning af det, vil du blive fyldt med glæde.

"Kirken" henviser her til Guds børn, som har modtaget Helligånden. Gud sammenligner forholdet mellem Jesus Kristus og de troende med forholdet mellem ægtefolk. Hvordan kan du forlade denne verden og blive forenet med din brudgom Jesus Kristus?

Hvis du tager imod Jesus Kristus med tro

Siden det første menneske Adam begik synd ved at være ulydig overfor Gud, har synden fået sin plads i verden. Alle hans efterfølgere er blevet slaver af synden og børn af vores fjende, djævlen, som regerer verden.

Du tilhørte tidligere denne verden og den fjendtlige djævel, som har magt over denne mørke verden. Det var før, du tog imod Jesus Kristus. Dette bliver bekræftet i Johannesevangeliet 8:44, hvor der står: *"I har Djævelen til fader, og I er villige til at gøre, hvad jeres fader lyster. Han var været en morder fra begyndelsen, og han står ikke i sandheden, for der er ikke sandhed i ham. Når han farer med løgn, taler han ud fra sig selv; for løgner er han og fader til løgnen"* og i Første Johannesbrev 3:8, hvor der står: *"Den, der gør synden, er af Djævelen, for Djævelen har åbenbaret synden fra begyndelsen."*

Men når du tager imod Jesus Kristus som din frelser og kommer til lyset, modtager du autoritet som Guds barn, og bliver befriet fra synder, fordi dine synder bliver tilgivet gennem Jesu Kristi blod.

Hvis du har tro på, at Jesus Kristus har forløst dig fra dine synder ved at tage korset, giver Gud dig Helligånden som gave, og Helligånden giver liv til ånden i dit hjerte. Helligånden viser dig og fortæller dig om Guds vilje, for at du kan handle og leve indenfor sandheden.

Når du bliver barn af Gud ved at lade dig lede af Guds Helligånd, kan du råbe: "Abba, Fader" (Romerbrevet 8:14-15), og arve det himmelske rige.

Hvor er det vidunderligt og forunderligt, at børn af djævelen, som tidligere gik den evige død i møde, er blevet Guds børn, som føres til himmelen gennem troen!

Når du forenes med Jesus Kristus ved at tro på ham, kommer Helligånden ind i dit hjerte og forenes med livets sædekorn. Gud skabte det første menneske af støv, og åndede livets ånde ind i hans næsebor. Livets ånde er livets sædekorn, livet selv. Derfor kan det aldrig dø, og det er blevet overleveret fra en generation til den næste gennem sæd og æg fra mennesker. Livets sædekorn er omgivet af hjertet. Efter at Gud skabte Adam, plantede han viden om livet og viden om ånden i hans hjerte. En nyfødt baby må lære denne verdens viden for at blive et kultiveret menneske med karakter, og et levende væsen har brug for viden om livet for at blive et sandt levende væsen, selv om det allerede er i live.

Adam var en gang blevet fyldt med viden om ånden, det vil sige sandheden. Men efter at han var ulydig overfor Gud, blev kommunikationen med Gud brudt. Han begyndte at miste viden om ånden lidt efter lidt, og usandheden tog ophold i hans hjerte.

Fra da af blev det hjerte, som tidligere havde været fyldt kun med sandhed, opfyldt af to ting: sandhed og usandhed. For eksempel havde Adam kærlighed i sit hjerte, men den fjendtlige djævel plantede en usandhed ved navn had i ham. Resultatet af dette kan man se i Første Mosebog 4, hvor Kain, som kom til verden efter at Adam havde syndet, slog sin bror Abel ihjel på grund af misundelse og jalousi.

Som tiden gik begyndte endnu en del at udvikle sig i hjertet, som var fyldt med sandhed og usandhed. Denne del kaldes "natur". Man arver karakteristika og træk fra sine forældre. Man får desuden indtryk af det, man ser, hører og lærer samt af følelserne i sindet. Det arvede og indtrykkene former "naturen" i søgen efter sandheden.

Denne natur kaldes ofte for "samvittighed", og formes på meget forskellig vis alt efter hvilke mennesker man møder, hvilken type bøger man læser, og de opvækstbetingelser man har. For eksempel vil nogle mennesker, som ser en hændelse eller et individ sige: "Det er ondt", mens andre vil sige: "Det er godt" eller "Det er af det gode".

Når du analyserer dit hjerte er der således en sand del, som tilhører Gud, en usand del, som er givet af Satan, og din natur, som er dannet som resultat af disse to dele.

Helligånden forenet med livets sædekorn i hjertet

I Adams tilfælde omgav disse tre dele livets sædekorn, som er blevet givet af Gud. Denne tilstand opstod da Guds ord: "Du skal dø" blev opfyldt, efter at Adam spiste fra Kundskabens træ. Selv om livets sædekorn er tilstede, er det ikke anderledes end at være død, hvis ikke det fungerer.

Når du for eksempel sår på marken, er det ikke al sæden, som spirer, idet nogle af sædekornene allerede er døde. Men hvis sæden er i live, vil den helt sikkert spire. Det er det samme med mennesker. Hvis livets sædekorn, der er givet af Gud, var fuldstændigt dødt, kunne det ikke genoplives, og der ville ikke være behov for at Gud sendte Jesus Kristus til menneskets frelse, ej heller for himmel og helvede.

Men livets sædekorn, der blev givet til mennesket, da Gud åndede livets ånde ind i ham, er evigt. Når du modtager budskabet, genoplives livets sædekorn; det udvider den sande del i dit hjerte, og det bliver endnu lettere for dig at tage imod budskabet. Enhver, som lytter til budskabet fra korset og tager imod Jesus Kristus, modtager Helligånden. Og da bliver livets sædekorn i dit hjerte forenet med Helligånden.

Omvendt er der mennesker, som har en samvittighed, der er brændemærket, og ikke har plads til at budskabet kan komme ind, fordi usandheden fuldstændig har omgivet og skjult livets sædekorn i deres hjerter. Livets sædekorn, som har ligget i død tilstand, får styrke til at udføre sin funktion, når det forenes med Guds store kraft, Helligånden.

At blive et åndeligt menneske

Når du deltager i gudstjenester, erkender Guds ord og beder, vil Guds nåde og styrke kommer over dig og gøre dig i stand til at følge Helligåndens natur. Gennem denne proces vil dit hjerte og din ånd blive ét, idet dit hjerte bliver mere og mere sandt ved at fjerne usandheden og fylde op med sandhed. Hvis ens hjerte fyldes med viden om ånd og sandhed, vil hjertet blive ånd i sig selv, på samme måde som Adams hjerte var det i starten.

Selv om du tilsyneladende er trofast, handler du i overensstemmelse med din natur, hvis du ikke beder. Helligånden kan ikke give liv til ånden i dig, og du vil stadig være et kødeligt menneske. Desuden kan du ikke følge Helligåndens natur, hvis du ikke bryder med dine egne tanker og argumenter, selv om du måske beder vældig flittigt eller i meget lang tid. Og derfor kan du ikke blive transformeret til et åndeligt menneske.

Helligånden sætter dig i stand til at tænke i overensstemmelse med sandheden i dit hjerte. Det vil sige, at du lever efter Helligåndens ønsker. Satan arbejder på samme måde for at føre dig på vej mod destruktionen, ved at friste dig til at følge kødelige tanker i den udstrækning, du stadig har usandhed i dit hjerte.

Derfor må du skille dig af med både kødelige tanker og

selvretfærdighed, som der står i Andet Korintherbrev 10:5: *"Vi nedbryder tankebygninger og alt, som trodsigt rejser sig mod kundskaben om Gud, vi gør enhver tanke til en lydig fange hos Kristus."* Når du adlyder Guds ord og siger: "Ja", og følger Helligåndens ønsker, vil dit hjerte blive fyldt med sandhed, og du vil blive at fuldstændig helligt åndeligt menneske.

Du kan få hvad som helst, du beder om

Du bliver ét med Herren, når du skiller dig af med al usandheden, bryder selvretfærdigheden ved at give liv til ånden med Helligånden og gøre dit hjerte rent ligesom din Herre Jesu Kristi hjerte.

En mand og en kvinde bliver ét kød og giver liv til en baby ved foreningen af sæd og æg. Ligeledes vil du give liv til ånden med Helligånden og modtage velsignelser i overflod som Guds barn, når du kommer ud af verden og bliver ét med Jesus Kristus, din brudgom, ved at tage imod ham.

Som der står i Romerbrevet 12:3 er der mål af tro, og du vil modtage svar i overensstemmelse med disse mål. I Første Johannesbrev 2:12 og derefter sammenlignes troens vækst med menneskelig vækst.

De, som tager imod Jesus Kristus, modtager Helligånden og bliver frelst, har tro som små børn (Første Johannesbrev 2:12). De, som forsøger at anvende troen i praksis, har barnetro (Første Johannesbrev 2:13) Når de vokser yderligere fra dette stadie og rent faktisk omsætter troen til handling, har de tro som unge mennesker (Første Johannesbrev 2:13). Og vokser de yderligere, vil de have tro som fædre (Første Johannesbrev 2:13).

Når du læser om Job i det Gamle Testamente, ser du, at Gud anerkendte ham som et dadelfrit og retfærdigt menneske, men da Satan udfordrede, lod Gud ham teste Job. Først insisterede Job på, at han var retfærdig. Men han indså snart sin ondskab og angrede for Gud, da det onde i hans natur blev fremvist med testen. Jobs selvretfærdighed blev knækket, og hans hjerte blev retfærdigt og rent i Guds øjne. Og først da kunne Gud velsigne ham i endnu større overflod end tidligere.

Ligeledes er det sådan, at hvis du opnår at have tro som fædre, hvilket er det højeste stadie af tro, ved at nedbryde din egen selvretfærdighed og blive et med Herren, så kan du modtage en overflod af velsignelser som Guds barn. Det har Gud lovet dig i Første Johannesbrev 3:21-22: *"Mine kære, hvis vores hjerte ikke fordømmer os, har vi frimodighed overfor Gud, og hvad vi end beder om, får vi det af ham, fordi vi holder hans bud og gør det, som behager ham."*

Du kan modtage velsignelser som Guds barn

På denne måde vil du blive et med Jesus Kristus i den udstrækning, at du bliver spirituel. Du modtager også den velsignelse at blive et med Gud i den grad, du opfylder Guds retfærdighed.

Jesus lover i Johannesevangeliet 15:7, at: *"Hvis I bliver i mig, og mine ord bliver i jer, så bed om, hvad I vil, og I skal få det."* I Johannesevangeliet 17:21 fortæller han os også at: *"de alle må være et, ligesom du, fader, i mig og jeg i dig, at du også må være i os, for at verden skal tro, at du har udsendt mig."*

Hvis man forenes med Herren ved at forlade denne verden, som regeres af djævlens mørke magt, bliver man et med Gud Fader. Desangående står der følgende i Galaterbrevet 4:4-7:

> *Men da tidens fylde kom, sendte Gud sin søn, født af en kvinde, født under loven, for at han skulle løskøbe dem, der var under loven, for at vi skulle få barnekår. Og fordi I er børn, har Gud sendt sin søns ånd i vore hjerter, og den råber: Abba, fader! Så er du da ikke længere træl, men barn. Og er du barn, har Gud også gjort dig til arving.*

På samme måde som folk arver ejendele fra deres forældre, arver du Guds rige, når du bliver hans barn ved at tage imod Jesus Kristus. Det vil sige, at børn af djævelen vil arve helvede af djævelen, og børn af Gud vil arve himlen af Gud. Men du må huske på, at de, som ikke giver liv til ånden ved Helligånden, vil komme i helvede, for himlen er et rent sted fyldt med sandhed, og jo mere din ånd trives og bliver et med Gud, jo nærmere Gud vil du komme til at bo i himmelen.

Derfor håber jeg, at du vil modtage det evige liv som velsignelse ved at tage imod Jesus Kristus, din brudgom, og blive ét med Herren Jesus og Gud Fader ved at skille dig af med alt det usande og nedbryde selvretfærdigheden. På denne måde kan du ære Gud.

Falske bekendelser fører ikke til frelse

Jesus Kristus bliver din sande brudgom, som fører dig på vejen til evigt liv og velsignelser, når du forenes med ham i troen. Hvis du efterligner Jesu Kristi hjerte og opnår perfekt tro, vil du ikke alene arve himlens rige, men også skinne som en sol dér. Når man læser Bibelen omhyggeligt, vil man se, at nogle mennesker, som hævder at tro på Gud, ikke bliver frelst. I Matthæusevangeliet 25 er der en lignelse om ti brudepiger. De fem kloge brudepiger, som havde taget olie med sig blev frelst, men de fem tåbelige brudepiger kunne ikke frelses. Ligeledes fortæller Gud os tydeligt i Bibelen, hvem der kan frelses og hvem, der ikke kan, ligegyldigt om de hævder at have tro. Der ud fra kan man lære, hvilken slags liv man må leve for at blive frelst.

Der står tydeligt i Matthæusevangeliet 7:21: *"Ikke enhver, som siger: Herre, Herre! til mig, skal komme ind i Himmeriget, men kun den, der gør min himmelske faders vilje."* Hvis du kalder Jesus "Herre, Herre", betyder det, at du tror, at Jesus er Kristus. Men du kan ikke blive frelst kun ved at kalde Herrens navn og gå i kirke om søndagen.

De, som gør det onde, kan ikke frelses

Gud fortæller os om Dommedag i Matthæusevangeliet 13:40-42:

Ligesom altså ukrudtet tages fra og brændes i ild, således skal det også gå ved verdens ende:

Menneskesønnen skal sende sine engle, og fra hans rige
skal de tage alt det væk, som fører til forfald, og alle
dem, der begår lovbrud, og kaste dem i ovnen med ild.
Dér skal der være gråd og tænderskæren.

Når bonden høster, samler han kornet i sin lade, men han
brænder avnerne i ilden. Gud fortæller os at de, som begår
lovbrud, må gå straffen i møde på samme måde.

"Det, som fører til forfald" henviser til alle dem, som hævder
at tro på Gud, men som frister brødre og søstre i troen og får
dem til at miste deres tro. Man vil dermed ikke blive frelst, hvis
man får andre mennesker til at synde og gøre noget ondt.

Og hvad er så det onde? I Første Johannesbrev 3:4 står der:
"Enhver, som gør synden, begår også lovbrud, for synd er
lovbrud."

Ligesom ethvert land har sit eget regelsæt, er der også
spirituelle love i Guds rige. Loven i den spirituelle verden er
Guds ord, som det er skrevet i Bibelen. Enhver, som bryder Guds
ord, fordømmes, ligesom de, der bryder den almindelige lov,
retsforfølges i overensstemmelse med loven. Derfor er det ondt
og syndefuldt at bryde Guds ord.

Guds lov kan i store træk deles i fire kategorier: "gør", "gør
ikke", "overhold" og "skil dig af med". Da Gud er lys, fortæller han
sine børn, at de skal gøre det, som er rigtigt; lade være med at
gøre det, som er forkert; overholde deres pligter som Guds børn;
og skille sig af med det, som Gud afskyr, for han ønsker, at hans
børn skal leve i lyset.

I Femte Mosebog 10:12-13 tilskynder Gud os: *"Og du,*

Israel, hvad andet kræver Herren din Gud af dig, end at du skal frygte Herren din Gud, vandre ad alle hans veje og elske ham og tjene Herren din Gud af hele dit hjerte og af hele din sjæl, så du holder Herrens befalinger og hans love, som jeg giver sig i dag, til bedste for dig selv." Du vil modtage velsignelser, hvis du omsætter Guds ord til handling. Omvendt vil du modtage den evige død på grund af ondskab og synd, hvis ikke du lever ved hans ord.

Galaterbrevet 5:19-21 bemærker følgende om kødets gerning:

> *Kødets gerninger er velkendte: utugt, urenhed, udsvævelse, afgudsdyrkelse, trolddom, fjendskaber, kiv, misundelse, hidsighed, selviskhed, splid, kliker, nid, drukkenskab, svir og mere af samme slags. Jeg siger jer på forhånd, som jeg før har sagt, at de, der giver sig af med den slags, ikke skal arve Guds rige.*

"Utugt" henviser til alle slags seksuel urenhed og det ikke at være kysk, inklusiv at have seksuelle relationer før lovformeligt ægteskab. "Urenhed" betyder her uordentlige handlinger uden sund fornuft, som stammer fra den syndefulde natur. "Udsvævelse" er at følge sin syndefulde, seksuelle utugt, og leve med krænkende ord og handlinger. "Afgudsdyrkelse" er at tilbede objekter, som er lavet af guld, sølv, bronze eller andre materialer, eller at elske noget andet mere end man elsker Gud. "Trolddom" er at forlede med snedige løgne. "Fjendskaber" er at have ønske om at ødelægge andre mennesker med fjendskab, som er det modsatte af kærlighed. "Kiv" henviser til at kæmpe for egen fordel eller for autoritet. "Misundelse" er et hade et andet menneske, fordi man føler, at det er bedre end én selv. "Hidsighed" betyder ikke kun at blive vred, men at skade andre med ekstrem vrede.

"Selviskhed" er at skade andre eller udfør skadelige handlinger mod nogen på grund af jalousi. "Splid" henviser til at danne adskilte grupper og følge Satans værk, fordi man er uenig med andre. "Kliker" er at tage parti og skabe distance ved at følge sine egne tanker, og ikke Helligånden. "Nid" er at benægte den treenige Gud og Jesus, som kom i kød, udgød sit blod for at forløse mennesket, og blev Kristus. "Drukkenskab" er at drikke alkohol, og "svir" er ikke alene at blive fuld, men at have en selvtilfredsstillende levemåde, mangel på kontrol, og ikke at udføre sine pligter som ægtefælle elle forælder ordentligt.

Endelige er "mere af samme slags" de mange syndefulde handlinger, som ligner disse, og de som udfører disse handlinger vil ikke blive frelst.

Synder, som fører til døden, og synder, som ikke gør det

I denne verden bliver en handling vurderet som en "synd", hvis dens resultat åbenlyst og med tydelige beviser skader en anden part. Ikke desto mindre siger Gud, som er lys, at ikke kun syndefulde handlinger, men også alt mørket, som står i modsætning til lyset, er synd.

Selv om de ikke kommer til udtryk eller bliver bevidnet, er

alle de syndefulde lyster i dit hjerter såsom had, misundelse, jalousi, begær, fordømmelse, hjerteløshed og uærlige tanker onde og er ligeledes synder.

Det er derfor, Gud fortæller os følgende: *"Men jeg siger til jer: Enhver, som kaster et lystent blik på en andens hustru, har allerede begået ægteskabsbrud med hende i sit hjerte."* (Matthæusevangeliet 5:28), og *"Enhver, som hader sin broder, er en morder, og I ved, at ingen morder har evigt liv i sig."* (Første Johannesbrev 3:15). Desuden står der i Romerbrevet 14:23: *"Men den, der har sine tvivl og så spiser alligevel, han er domfældt, fordi han ikke gør det af tro. Alt, hvad er ikke er af tro, er synd."* og i Jakobsbrevet 4:17 står der at: *"Den, der altså ved, hvad der er det rette, men ikke gør det, er en synder."* Du må derfor indse, at det er synd og lovløshed ikke at gøre det, som Gud ønsker og befaler.

Men vil alle mennesker dø, hvis de begår synder? Du må forstå, at hvis et menneske, som tidligere har løjet, nu beder og forsøger at blive et sandfærdigt menneske, så lever vedkommende i tro. Selv om dette menneske endnu ikke har skilt sig af med al uærligheden i sit hjerte på grund af en svag tro, er det dog ikke sådan, at han ikke vil blive frelst på grund af denne synd.

Første Johannesbrev 5:16-17 fortæller os følgende: *"Hvis nogen ser sin broder begå en synd, som ikke er til døden, skal han bede og således give ham liv - dette gælder dem, der ikke synder til døden. Der er synd, som er til døden; det er ikke om den, jeg siger, at man skal bede. Enhver uretfærdighed er synd, men der er synd, som ikke er til døden."*

Synder deles normalt i to kategorier: De, som fører til døden, og andre, som ikke fører til døden. De, som begår synder, der ikke fører til døden, kan frelses, hvis man opmuntrer dem, beder for dem og hjælper dem med at angre deres synder. Men hvis et menneske begår synder, der fører til døden, kan han ikke frelses, selv om man beder for ham. Mennesker, som regnes for at være ærlige, lyver til tider for egen vinding, eller foretager bedrageriske handlinger, som i sig selv ikke skader andre mennesker. Man kan komme til erkendelse af, at der er tale om synder, når man indser sandheden, også selv om man har troet, at man levede at retfærdigt liv, før man begyndte at tro på Gud. Gud viser dig ikke alene de synder, der kan ses, men også de onde tanker i dit hjerte, som alle er synder.

Alle uretfærdigheder er synder, og syndens løn er død. Ikke desto mindre har Jesus Kristus tilgivet alle dine synder i fortiden, nutiden og fremtiden ved at udgyde sit blod på korset. Der er synder, der kan tilgives ved kraften i Jesu blod, når du angrer og vender dig bort fra dem. Disse er de synder, der ikke fører til døden.

Hvis du ikke angrer, men bare bliver ved med at synde, bliver din samvittighed hærdet. Så kan du til sidst ikke modtage angerens ånd, selv om du begår en synd, der fører til døden. Dine synder kan dermed ikke tilgives dig, selv om du forsøger at angre. Lad os nu kigge på de tre slags synder, som fører til død: bespottelse af Helligånden, gentagne gange at udsætte Guds søn for offentlig skændsel, og at fortsætte med at synde med overlæg.

Bespottelse af Helligånden

Der er tre ting i bespottelse af Helligånden: Du bespotter Helligånden, når du taler mod Helligånden, når du modsætter dig Helligåndens gerning og når du bringer skændsel over Helligånden.

Derfor siger jeg til jer: Al synd og bespottelse skal tilgives mennesker, men bespottelse mod Ånden skal ikke tilgives. Og den, der taler et ord imod Menneskesønnen, får tilgivelse, men den der taler imod Helligånden, får ikke tilgivelse, hverken i denne verden eller i den kommende. (Matthæusevangeliet 12:31-32).

Enhver, som taler at ord imod Menneskesønnen, får tilgivelse. Men den, der spotter Helligånden, for ikke tilgivelse. (Lukasevangeliet 12:10).

For det første: Det at tale mod andre er at bagvaske dem og at krænke deres arbejde. At **tale imod Helligånden** er at forsøge at hindre opnåelse af Guds rige ved at afbryde Helligåndens gerning på baggrund af ens egen vilje og tanker. Hvis du for eksempel modsætter dig Guds værk, fordi det ikke er i overensstemmelse med dine egne tanker, er det at gå imod Helligånden.

Hvis du fordømmer Guds tjener som kætter, selv om han rent faktisk ikke er det, og dermed forstyrrer Helligånden, er det en så frygtelig synd mod Gud, at den ikke kan tilgives. Derfor skal du være i stand til at skelne mellem ånderne i overensstemmelse med sandheden. Du skal naturligvis advare folk alvorligt og må ikke tillade deres adfærd, hvis de forsøger at få andre til at modtage onde ånder eller hvis de i sandhed er kættere i Guds øjne. I Titusbrevet 3:10 står der: *"Et kættersk menneske skal du vise bort efter en første og en anden advarsel."*

I dag er der mange mennesker, der fordømmer visse kirker som kætterske eller endda forfølger dem på mange måder. Disse kirker anerkender den treenige Gud og udviser Helligåndens gerninger, og de mennesker, der fordømmer dem, er ikke i stand til at skelne mellem ånder. Selv om de hævder, at de tror på Gud, har de ikke tilstrækkelig bibelsk viden om kætteri. Til tider kender de ikke engang definitionen på kætteri.

I tilfælde af forfølgelse af andre på grund af mangel på ordentlig viden, kan folk blive tilgivet, hvis de angrer og vender sig bort fra synden. Men hvis de forstyrrer Guds gerning med onde intentioner og jalousi selv om de ved, at der er tale om Helligåndens gerning, kan de ikke tilgives.

Du kan se et eksempel på dette i Bibelen. I Markusevangeliet 3, er er nogle, som bliver misundelige på Jesus, fordi han udfører mirakuløse tegn og undere, og de spreder rygter om, at han er gal. Dette rygte løber så vidt, at hans familie, som bor på afstand, kommer for at tage ham væk fra offentligheden.

Lærerne af loven og farisæerne kritiserede Jesus: *"Og de skriftkloge, der var kommet ned fra Jerusalem, sagde: 'Han er besat af Beelzebul! Der er ved dæmonernes fyrste, at han uddriver dæmonerne.'"* (Markusevangeliet 3:22). De havde grundig viden om Guds ord. De kendte loven godt, og underviste folk i den, og ikke desto mindre gjorde de modstand mod Guds gerning på grund af deres misundelse og jalousi overfor Jesus.

For det andet: at modsætte sig Helligåndens gerning er at trodse Helligåndens stemme, som er givet af Gud, eller at dømme eller fordømme Helligåndens gerning og forsøge at skade andre mennesker. For eksempel er det at tale imod Helligånden, hvis man spreder rygter eller udformer dokumenter, eller fordømmer en pastor eller en kirke som "kættersk" for at forstyrre vækkelsesmøder og samlinger, hvor man ser Helligåndens gerning.

Hvad betyder det så at man kan få tilgivelse for at tale imod Menneskesønnen? Menneskesønnen henviser til Jesus, der kom som menneske, før han blev korsfæstet. At tale imod Menneskesønnen betyder at være ulydig overfor Jesus, og kun at anerkende ham som en kødelig person, idet han kom i kød. Manglende anerkendelse af Jesus som Frelseren stammer fra manglende viden. I dette tilfælde vil man blive tilgivet og man kan blive frelst, hvis man angrer grundigt og tager imod Herren.

Hvis du begår en synd uden at kende sandheden eller før du har modtaget Helligånden, kan Gud give dig en chance for at angre og få tilgivelse. Men hvis du er ulydig og gør modstand mod Herren, selv om du ved præcis, hvem Jesus Kristus er, må du indse, at du aldrig kan få tilgivelse, for det er det samme som at tale imod Helligånden og modsætte sig Helligåndens arbejde.

For det tredje betyder bespottelse også at lade hånt om ting, der er guddommelige, hellige og rene. Bespottelse af Helligånden betyder **at lade hånt om Helligånden,** Guds ånd og Guds guddommelighed. Det er en synd at lade hånt om Guds evige kraft og guddommelighed, for eksempel hvis du bagvasker Helligåndens gerning og siger, at det er Satans værk, eller hvis du insisterer på, at noget er Helligåndens gerning, selv om det ikke er det. At prædike sandheden som noget usandt; at hævde at det, der er usandt, er sandt, og at fordømme det, som er sandt, som om det var forkert - alt dette er bespottelse af Helligånden. I gamle dage blev det regnet for bedrageri, hvis nogen blev taget i at bespotte Helligånden, og de blev henrettet.

Hvis du bespotter Guds hellige guddommelighed, til trods for at Gud er almægtig og ikke kan sammenlignes med nogen konge i denne verden, kan du aldrig få tilgivelse.

Selv Jesus, som havde Guds natur, og kom til verden i kød, fordømte ikke nogen. Hvor vil det være en frygtelig synd, hvis du fordømmer brødre og søstre, og desuden lader hånt om Helligåndens gerning! Hvis du har ærefrygt for Gud, kan du aldrig gøre modstand, tale imod eller lade hånt om Helligånden.

Du må indse, at disse synder ikke kan tilgives, hverken i denne verden eller den næste, og du må derfor aldrig begå disse synder. Hvis du har begået disse synder tidligere, bør du søge Guds nåde og angre af hele dit hjerte.

At udsætte Guds søn for åbenlys skændsel

Det vil fører dig til døden at korsfæste Guds søn endnu engang og at udsætte ham for åbenlys skændsel, som det beskrives i Hebræerbrevet 6:

For det er umuligt at føre dem til ny omvendelse, som
én gang er blevet oplyst og har smagt den himmelske
gave, dem som har fået Helligånden og smagt Guds
gode ord og den kommende verdens kræfter, og som så
falder fra; for de korsfæster selv Guds søn igen og gør
ham til spot. (Hebræerbrevet 6:4-6).

Nogle mennesker forlader kirken og Gud på grund af verdens fristelser, og skænder dermed Gud, selv om de har modtaget Helligånden, ved at der er himmel og helvede, og tror på det sande ord. Man siger, at de begår den synd at korsfæste Guds søn endnu engang og at udsætte ham for skændsel. Denne slags mennesker begår ikke kun mange synder, som kontrolleres af Satan, men benægter også Gud og forfølger og ydmyger kirken og de troende.

De har allerede overladt deres samvittighed til Satan, så deres hjerter er fulde af mørke. Derfor har de ikke engang lyst til at angre, og angerens ånd kommer ikke over dem. De har ingen mulighed for at angre, og de kan derfor aldrig få tilgivelse.

Judas Iskariot begik denne synd. Han var en af Jesu tolv disciple. Han bevidnede mange tegn og undere, men han blev grådig og solgte Jesus for tredive sølvmønter. Senere fik han dårlig samvittighed og blev fyldt med fortrydelse, men angerens ånd kom ikke over Judas. Hans synd kunne ikke tilgives, og til sidst begik han selvmord, fordi han var forpint af sin skyld (Matthæusevangeliet 27:3-5).

At fortsætte med at synde overlagt

Den sidste synd, der fører til døden, er at fortsætte med at synde overlagt efter at du har modtaget viden om sandheden.

For synder vi med vilje, efter at vi har lært sandheden at kende, findes der ikke længere noget offer for synder, tilbage er kun en frygtelig forventning om dom og en brændende nidkærhed, som skal fortære modstanderne. (Hebræerbrevet 10:26-27).

At "fortsætte med at synde med vilje, efter at vi har lært sandheden at kende" betyder at gentage de ulovlige handlinger, som Gud ikke tilgiver. Det betyder også at fortsætte med at synde, vel vidende at det er en synd: *"Så er det gået dem, som ordsproget træffende siger: "Hunden vender tilbage til sit eget bræk" og "Når en so er vasket, vælter den sig i sølet.""* (Andet Peterbrev 2:22).

Da David, som elskede Gud højt, begik ægteskabsbrud, gav det grundlag for mange synder, og fik ham til at myrde en af sine mest loyale soldater. Men da profeten Nathan påpegede hans synd, angrede David øjeblikkeligt. Omvendt blev kong Saul ved med at synde, efter et profeten Samuel havde påpeget hans synder. David angrede og modtog Guds velsignelser, mens Saul blev opgivet, fordi han ikke angrede, og blev ved med at synde.

Bileam var en profet, som havde autoritet til at velsigne og forbande, men da han gik på kompromis med denne verden for at opnå rigdom og berømmelse, fik han et miserabelt endeligt.

Helligånden blegner hurtigt i hjerterne på dem, som overlagt begår synder, fordi Gud vender ryggen til dem. Så mister de deres tro, og udfører onde og forkerte handlinger, som kontrolleres af djævlen. Endelig vil Helligånden i dem forsvinde fuldstændig, og de kan ikke frelses, idet de ikke angrer, og deres navne vil blive slettet fra Livets Bog (Johannesåbenbaringen 3:5).

Omvendt er der mennesker, som fortsat begår synder, fordi de kun har kendt Gud gennem viden, men ikke har troet på ham i deres hjerter. Deres synder kan tilgives og de kan føres på vejen til frelse, når de grundigt og helhjertet angrer og har sand tro.

Du skal således vide, at du ikke vil blive frelst, hvis du overlagt begår synder ved at udfører handlinger af syndefuld natur efter at du én gang er blevet oplyst, har troet at der er himmel og helvede og har oplevet Guds nåde i overflod.

Jeg håber, at du vil forstå, at alle synder er lovløshed og mørke, som Gud hader, selv om det ikke er dem alle, der fører til død. Jeg beder dig: Vær en klog troende, som ikke tillader eller udfører nogen form for synd.

Menneskesønnens kød og blod

For at opretholde et sundt liv må man indtage ordentlig mad og drikke. På samme måde må du spise kødet og drikke blodet af Menneskesønnen for at holde sin ånd sund og opnå evigt liv.

Nu vil du lære, hvad kød og blod af menneskesønnen er, og

hvorfor du må spise hans kød og drikke hans blod for at opnå evigt liv, baseret på den følgende tekst fra Johannesevangeliet 6:53-55:

Jesus sagde til dem: "Sandelig, sandelig siger jeg til jer: Hvis ikke I spiser Menneskesønnens kød og drikker hans blod, har I ikke liv i jer. Den, der spiser mit kød og drikker mit blod, har evigt liv, og jeg skal oprejse ham på den yderste dag. For mit kød er sand mad, og mit blod er sand drik."

Hvad er Menneskesønnens kød?

Jesus fortæller dig om himmelens hemmeligheder og Guds vilje med mange lignelser i Bibelen. For mennesker, som lever i denne tredimensionelle verden, er det meget vanskeligt at forstå og indse Guds vilje, idet han befinder sig i en firedimensional verden og derover. Jesus sammenligner derfor himmelske ting med blandt andet døde ting, planter, dyr og liv i denne verden for at få os til at forstå den guddommelige vilje bedre.

Det er derfor at Jesus, den enbårne søn af Gud, sammenlignes med klipper og stjerner, som ikke har nogen dimension, samt med den en-dimensionelle vin, det to-dimensionelle lam, og Menneskesønnen, som er i tre dimensioner.

Jesus kaldes Menneskesønnen, så Menneskesønnens kød er Jesu kød. I Johannesevangeliet 1:1 står der: *"I begyndelsen var ordet, og ordet var hos Gud, og ordet var Gud."* Johannesevangeliet 1:14 bemærker at: *"Ordet blev kød og tog bolig iblandt os, og vi så hans herlighed, en herlighed, som den Enbårne har den fra Faderen, fuld af nåde og sandhed."* Jesus er den, som kom til denne verden i kød som Guds ord. Derfor er kødet af Guds søn også Guds ord, hvilket er sandheden selv, og at spise Menneskesønnens kød er at lære Guds ord i Bibelen.

Hvordan man skal spise kødet af Menneskesønnen

I Anden Mosebog 12:5 og følgende vers, bliver Jesus portrætteret som "Lammet":

> *Det skal være et lydefrit dyr, et årgammelt handyr; I kan tage det fra fårene eller fra gederne. I skal tage vare på det til den fjortende dag i denne måned. Så skal hele Israels menighed slagte det, lige inden mørket falder på. De skal tage noget af blodet og komme det på de to dørstolper og på overliggeren i de huse, hvor de spiser det.*

Mange troende tror, at lammet henviser til nye troende, men når man studerer Bibelen grundigt, ser man, at lammet er et symbol for Jesus. Johannes Døberens kommentar, da han så Jesus komme hen imod sig, står i Johannesevangeliet 1:29: *"Næste dag så han Jesus komme hen imod sig og sagde: 'Se, der er Guds lam, som bærer verdens synd.'"* Også apostelen Peter henviser til Jesus som lammet i Første Petersbrev 1:19: *"I ved jo, at det ikke var med forgængelige ting som sølv eller guld, I blev løskøbt fra det tomme liv, I havde overtaget fra jeres fædre, men med Kristi dyrebare blod som af et lam uden plet og lyde."* Ud over disse, er der mange andre fraser, der sammenligner Jesus med et lam.

Hvorfor sammenligner Bibelen Jesus med et lam? Et lam er det mildeste og mest lydige af alle husdyr. Det genkender sin hyrdes stemme og adlyder ham. Man kan ikke narre lammet, selv om man forsøger at imiterer hyrdens stemme. Det giver hvid og blød uld, mælk, kød og alle sine kropsdele til menneskene.

Ligesom et lam ofrer alt for menneskeheden, adlød Jesus Gud vilje til fuldkommenhed og ofrede alt for os. Jesus kom til denne verden i kød, selv om han havde Guds natur, prædikede det himmelske budskab, helbredte mange sygdomme og lidelse, og blev korsfæstet. Jesus opgav alt for at forløse dig fra dine synder.

Jesus sammenlignes med lammet, fordi hans karakteristika og handlinger ligner det milde lams, og at spise lammet symboliserer at spise Jesu kød, nemlig Menneskesønnens kød. Hvordan bør man så spise Menneskesønnens kød? Lad os se på Anden Mosebog 12:9-10, som giver følgende instruktioner:

> *I må ikke spise noget af det råt eller kogt; det skal være stegt, med hoved, skanke og indvolde. I må ikke levne noget af det til om morgenen. Hvad der er tilovers af det til om morgenen, skal I brænde.*

Før det første, må man ikke spise Guds ord råt

Hvad betyder det at spise Menneskesønnens kød råt?

Almindeligvis er det ikke godt at spise råt kød. Hvis man spiser råt kød, kan man få virus eller bakterier og blive syg. På samme måde fortæller Gud dig, at du ikke må spise Guds ord råt, fordi det er skadeligt. Guds ord er skrevet med inspiration af Helligånden, så man skal læse det og gøre det til føde med inspiration fra Helligånden.

Hvad sker der, hvis du tolker Guds ord bogstaveligt? Så vil du formodentlig misforstå Guds intention. At spise Guds ord råt betyder at fortolke Bibelen bogstaveligt. Der står i Johannesevangeliet 1:1: *"Ordet var Gud"*, og Bibelen indeholde Guds hjerte og vilje, og alle ting opfyldes i overensstemmelse med dette ord.

Guds ord fortæller os, hvordan vi kan komme i himmelen. Du må forstå Guds ord fuldt ud for at opnå evigt liv. Omvendt kan et kødeligt menneske hverken se eller fatte den spirituelle verden.

Det er ligesom en cikade, der ikke kender himmelen, når den er en larve i jorden. Det er som en kylling, der ikke kender verden udenfor, når den er i sit æg. Det er som en baby, der ikke kender noget til verden, mens den stadig ligger i sin moders mave. På samme måde kan du ikke kende noget til den spirituelle verden, så længe du stadig er i den kødelige verden.

Gud fortæller os, at der er en anden verden bag denne tredimensionelle verden. Ligesom en uklækket kylling må bryde skallen, må du også bryde dine egne kødelige tanker for at forstå og træde ind i den spirituelle verden.

For eksempel står der i Matthæusevangeliet 6:6: *"Men når du vil bede, så gå ind i dit kammer og luk din dør og bed til din fader, som er i det skjulte. Og din fader, som der i det skjulte, skal lønne dig."* Hvis man fortolker dette vers bogstaveligt, vil det være nødvendigt altid at bede i sit kammer. Men du kan ikke finde nogen eksempler på, at forgængerne i troen har bedt i deres kammer i hemmelighed.

Jesus bad ikke i et kammer, men på en bjergside, hvor han tilbragte natten (Lukasevangeliet 6:12), og på et ensomt sted tidligt om morgenen (Markusevangeliet 1:35).

Daniel bad tre gange om dagen med vinduerne åbnede mod Jerusalem (Daniels Bog 6:10) og apostelen Peter bad på taget (Apostlenes Gerninger 10:9). Hvad betyder det så, når Jesus siger: "Gå ind i dit kammer og luk din dør og bed"?

Her symboliserer kammeret spirituelt set en persons hjerte. Så det at gå ind i sit kammer betyder at passere forbi sine tanker og gå dybt ind i sit hjerte, ligesom man kan gå fra dagligstuen eller soveværelset ind i et indre kammer. Kun da kan man bede af hele sit hjerte.

Når du går ind i det indre kammer, er du isoleret fra omgivelserne. Ligeledes skal du blokerer alle unødvendige tanker og bekymringer og bede af hele hjertet, når du beder til Gud.

Du må således ikke spise Menneskesønnens kød råt. Du må ikke fortolke Guds ord bogstaveligt. Det vil sige, at du skal fortolke Guds ord spirituelt med inspiration fra Helligånden.

For det andet må man ikke spise Guds ord kogt i vand

Hvad betyder det, at man ikke må spise kødet kogt i vand?

Det betyder, at vi ikke må tilføje noget til Guds ord, men skal spise det rent.

Det er ikke godt at prædike Guds ord og blande det med politik, historier fra samfundet, eller ordsprog af beundrede eller historiske individer. Gud, som skabte himlen og jorden, og kontrollerer menneskehedens liv og død, velsignelse og forbandelse, er almægtig og mangler ikke noget.

I Første Korintherbrev 1:25 står der: *"For Guds dårskab er visere end mennesker, og Gud svaghed er stærkere end mennesker."* Dette er angivet for at få os til at forstå, at end ikke den viseste og mest udmærkede person kan sammenlignes med Gud.

Man kan ikke prædike om alt det, der er dækket i Bibelen, om end man bruger et helt liv. Så hvordan kan man vove at blande Guds ord med menneskers ord, når man formidler budskabet? Folks ord ændrer sig som tiden går. Og hvis der er sandhed i dem, er de allerede blevet sagt i Bibelen, hvor de er nedskrevet med Guds visdom. Derfor skal man først og fremmest prædike Guds rene ord, når man taler udfra Bibelen. Man kan naturligvis foretage lignelser eller illustrationer for lettere at få folk til at forstå Guds ord og hemmelighederne i den spirituelle verden. Men man må erkende, at kun Guds ord er evigt og at det er den perfekte og fuldstændige sandhed, som fører os til evigt liv. Derfor må man ikke spise hans ord kogt i vand.

For det tredje skal man spise Guds ord stegt

Hvad betyder det, at det skal være "stegt, med hoved, skanke og indvolde"? Det betyder, at du skal gøre Guds ord, Menneskesønnens kød, til din spirituelle føde fuldt ud uden at udelade noget.

For eksempel er der mennesker, som er i tvivl om, at Moses rent faktisk skilte vandene i det Røde Hav. Nogle mennesker forsøger ikke engang at læse Tredje Mosebog, fordi ofringerne i det Gamle Testamente er for vanskelige at forstå. Nogle mennesker synes, at det er svært at tro på de mirakler, som Jesus udrettede, eller tror at den slags mirakler kun kunne finde sted for 2000 år siden. De udelukker mange ting, som ikke passer til den menneskelige tænkning, og forsøger kun at udlede moralen. De forsøger ikke engang at overholde visse bud såsom: "Elsk din fjende" eller "undgå enhver form for ondskab", fordi disse bud virker for vanskelige at adlyde. Vil det være muligt for disse mennesker at blive frelst?

Du skal derfor ikke kun tage de dele af Bibelen til dig, som du har lyst til, ligesom disse tåbelige mennesker. Du skal spise alle ordene i Bibelen stegt, fra Første Mosebog til Johannesåbenbaringen.

Hvad betyder det så, at Guds ord skal spises "stegt"? Det henviser til, at ordene skal steges over Helligåndens ild. Du skal fyldes med Helligåndens inspiration, når du læser og lytter til Guds ord, for de er blevet skrevet med inspiration fra Helligånden. Ellers er de kun viden, og ikke spirituel føde.

For at spise Guds ord stegt over ild, er du nødt til at bede brændende. Bønner fungerer som olie ved at blive en kilde til Helligåndens fylde. Hvis du spiser Guds ord med inspiration fra

Helligånden, er de sødere end honning. Du vil aldrig komme til at kede dig, selv om prædikenen er lang, for den vil være dig dyrebar, og du vil komme til at elske at høre Guds ord, ligesom et tørstigt dådyr, der leder efter en kilde.

Det er sådan, man spiser Guds ord stegt. Og kun på denne måde vil du forstå Guds ord, gøre det til dit spirituelle kød og blod, og erkende og følge Guds vilje. Sådan giver du liv til ånden med Helligånden, vokser i troen, og genvinder Guds tabte billede ved at opdage menneskets pligter.

Men de, som spiser Guds ord med deres egne tanker uden at stege dem over ilden, synes at Guds ord er kedelige, og de husker ikke på dem, fordi de kun lytter med henkastede tanker. De kan hverken vokse spirituelt eller opnå sandt liv.

For det fjerde må man ikke levne Guds ord til om morgenen

Hvad betyder det at levne til om morgenen og at det, der er tilovers, skal brændes?

Det betyder, at man skal spise Menneskesønnens kød, Guds ord, om natten. Den verden, vi lever i netop nu, er en mørk verden kontrolleret af djævlen, og det kan spirituelt set udtrykkes som nat. Når vores Herre kommer igen, vil alt mørke forsvinde, og alt vil blive genoprettet: Det vil blive morgen, lysets verden.

Budet om ikke at levne betyder derfor, at du bør lærer Guds ord for at forberede dig som brud for vor Herre, inden hans genkomst.

Uanset om Herrens genkomst er nær eller ej, så lever man kun 70 - 80 år, og man ved ikke, hvornår man vil møde Herren. Indtil du møder Herren, vokser du spirituelt set i den udstrækning at du spiser kødet og drikker blodet fra Menneskesønnen. Så du bør flittigt lære Guds ord og vokse spirituelt.

Hvis du har fædrenes tro ved konstant at øge din åndelighed, vil du modtage ære som en skinnende sol nær Guds trone i hans rige, for du kender Gud fra starten, kultiverer Helligåndens ni frugter og salighedsprisningerne, og efterligner Guds billede.

At drikke Menneskesønnens blod

For at holde dig i live, må du spise mad og drikke vand. Hvis du ikke indtager vand, kan maden ikke fordøjes og du vil dø. Når maden kommer i maven og blandes med vand, bliver den fordøjet, næringsstofferne absorberes og affaldsstofferne udskilles.

På samme måde kan man ikke spise Menneskesønnens kød, hvis ikke man drikker hans blod, for det vil ikke være muligt at fordøje det. Du kan derfor kun opnå evigt liv ved både at spise Menneskesønnens kød og drikke hans blod.

At drikke Menneskesønnens bold er at omsætte Guds ord til handling med tro. Efter at du har lyttet til Guds ord er det meget vigtigt at handle i overensstemmelse dermed, og dette er tro. Hvis du ikke handler i overensstemmelse med Guds ord efter at du har lyttet til det og lært det at kende, nytter det ikke noget at lytte.

På samme måde som næringsstofferne bliver absorberet og

affaldsstofferne bliver udskilt, når du fordøjer mad, bliver Guds ord, sandheden, absorberet, og usandheden bliver udskilt, når du handler i overensstemmelse med Guds ord for at rense dit smudsige hjerte.

Hvad er så den sandhed, som bliver absorberet, og den usandhed, som bliver udskilt? Lad os sige, at du har lyttet til Guds ord: "I skal ikke hade, men elske hinanden". Hvis du gør det til føde og handler i overensstemmelse med det, vil det næringsstof, som hedder kærlighed, blive absorberet, og det affaldsstof, der hedder had, vil blive udskilt. Dit hjerte vil automatisk blive renere og mere sandt ved at udskille snavsede og smudsige tanker.

At handle i overensstemmelse med Guds ord efter at have lyttet til det

Hvis du ikke handler i overensstemmelse med Guds ord, drikker du ikke Menneskesønnens blod. Gud ord vil kun være viden i dit hoved, og du kan ikke blive frelst.

At drikke Menneskesønnens blod, dvs. at handle i overensstemmelse med Guds ord, kan ikke gøres alene ved menneskelig anstrengelse. Man må have vilje og styrke til at handle i overensstemmelse med hans ord, og desuden modtaget Guds nåde, kraft og hjælp fra Helligånden ved at bede brændende.

Hvis man kunne skille sig af med sin synd ved egen anstrengelse, ville det ikke have været nødvendigt at Jesus blev korsfæstet, og der ville ikke være behov for, at Gud sendte Helligånden.

Jesus Kristus blev korsfæstet for at tilgive dine synder, fordi du ikke kan løse syndens problem selv, og Gud sendte Helligånden for at hjælpe dig med at forandre dit snavsede hjerte til et rent hjerte.

Helligånden, Guds ånd, hjælper Guds børn med at leve i sandheden og retfærdigheden. Derfor kan Guds børn leve i overensstemmelse med Guds ord og skille sig af med deres synder, og modtage Guds kærlighed og velsignelser med hjælp fra Helligånden.

Tilgivelse kun ved at gå i lyset

At sige at man spiser Menneskesønnens kød og drikker hans blod betyder, at man handler i lyset i overensstemmelse med Guds ord. Hvilken slags handlinger henviser dette til? Du må handle i lyset. Du forlader mørket og handler i lyset, når du spiser Menneskesønnens kød, fordøjer det, og gør dit hjerte sandt. Når du handler i lyset, vil Herrens blod rense dig for synder i fortiden, nutiden og fremtiden. Selv om du har synder, som du ikke har skilt dig af med endnu, så kan de tilgives med Guds nåde, når du angrer af hele dit hjerte. De, som i sandhed tror på Gud og forsøger at opnå retfærdighed i deres hjerter, er ikke længere syndere, men retfærdige mennesker, og de kan blive frelst og opnå evigt liv.

Gud er lys

I Første Johannesbrev 1:5 står der: *"Og dette er det budskab, som vi har hørt af ham og bringer videres til jer: Gud er lys, og der er intet mørke i ham."*

Apostelen Johannes, som skrev Første Johannesbrev, fik læren direkte fra Jesus, som var kommet til denne verden og blev verdens lys og vejen til Gud.

I Johannesevangeliet 1:4-5 står der om Jesus: *"I ham var liv, og livet var menneskers lys. Og lyset skinner i mørket, og mørket greb det ikke."* Jesus erklærede selv: *"Jeg er vejen og sandheden og livet; Ingen kommer til Faderen uden ved mig."* (Johannesevangeliet 14:6).

Jesu disciple bevidnede derfor det faktum, at "Gud er lys" gennem Jesus, og det budskab, de melder til dig er, at "Gud er lys".

Lys betyder sandhed i spirituel henseende

Hvad er så lyset? Spirituelt set står lyset for sandheden, og sandhed er det modsatte af mørke.

Gud fortæller os i Efeserbrevet 5:8 at: *"Engang var I mørke, men nu er I lys i Herren; lev som lysets børn."* De, som lytter til budskabet om at "Gud er lys" og lærer sandheden fra Gud, kan skinne og lyse i denne verden på samme måde som lyset fortrænger mørket.

Børn af lyset, som handler i overensstemmelse med sandheden, bærer lysets frugter. Det er derfor, der står i

Efeserbrevet 5:9: *"For lysets frugt er lutter godhed, retfærdighed og sandhed."* Lysets frugt er den spirituelle kærlighed, som beskrives i Første Korintherbrev 13 og Helligåndens frugter såsom kærlighed, glæde, fred, tålmodighed, venlighed, godhed, trofasthed, mildhed og selvkontrol.

Lys henviser dermed til alle sande ord om godhed, retfærdighed, og kærlighed såsom: "elsk hinanden, bed, overhold søgnedagen, overhold de ti bud", som Gud fortæller os i Bibelen.

Mørke betyder synd i spirituel henseende

Mørke henviser til en tilstand, hvor der ikke er noget lys, og dette betyder synd i spirituel henseende.

De usande ting, som er modsætninger til sandheden, er nedskrevet i Romerbrevet 1:28-29: *"Fordi de ikke regnede det for noget værd at kende Gud, prisgav Gud dem til en forkastelig tankegang, så de gjorde, hvad der ikke sømmede sig: De blev opfyldt af al slags uretfærdighed, ondskab, griskhed, usselhed: fulde af misundelse, blodtørst, svig og ondsindethed."* Alle disse ting er mørke.

Bibelen fortæller os, at vi skal skille os af med alle de ting, der hører til mørket, såsom at stjæle, myrde, begå ægteskabsbrud og alle andre slags ond.

Nogle mennesker hævder at være Guds børn, selv om de ikke adlyder det, som Gud siger, og forsætter med at gøre ting, som Gud byder dem ikke at gøre. Dette mørke kontrolleres af den fjendtlige djævel og Satan, og det hører til denne verden, så det kan aldrig passe sammen med lyset. Det er derfor, at mørkets gerninger hader lyset og lever langt fra det.

Omvendt skal Guds sande børn, som er lys og ikke har noget mørke, skille sig af med alt fra mørket og handle i lyset. Først da kan du kommunikerer med Gud og alt i dit liv vil gå godt.

Bevis på at have fællesskab med Gud

Normalt er der et nært fællesskab baseret på kærlighed mellem forældre og deres børn. På samme måde er det indlysende for dig, som tror på Jesus Kristus, at have et fællesskab med Gud, som er Faderen til din ånd (Første Johannesbrev 1:3).

Fællesskab betyder ikke alene, at den ene kender den anden, men at begge parter kender hinanden godt. Man kan ikke sige, at man har et fællesskab med præsidenten, selv om man ved meget om ham. Det er det samme med dit fællesskab med Gud. For at have et sandt fællesskab med Gud, må du kende ham ligeså godt som han kender og genkender dig.

I Første Johannesbrev 1:6-7 står der: *"Hvis vi siger, at vi har fællesskab med ham, men vandrer i mørket, lyver vi og gør ikke sandheden. Men hvis vi vandrer i lyset, ligesom han er i lyset, har vi fællesskab med hinanden, og Jesu, hans søns, blod renser os for al synd."*

Dette betyder at du først har fællesskab med Gud, når du har skilt dig af med synder og handler i lyset. Hvis du siger, at du har fællesskab med Gud, mens du stadig handler og lever i mørket, er det en løgn.

At have fællesskab med Gud betyder at have et spirituelt og sandt fællesskab, ikke alene at have et ugudeligt fællesskab, hvor man kun kender ham som viden i sit hoved. Man må selv være i lyset for at have et fællesskab med Gud, for han er lys. Helligånden, Guds hjerte, lærer dig klart om Guds vilje i den udstrækning, at du bliver i sandheden, sådan at du kan få en dybere kommunikation med Gud, når du læser Guds ord og beder.

Hvis man går i mørket

Du lyver, hvis du hævder at have fælleskab med Gud, men går i mørket og begår synder. Dette er ikke at gå i sandheden, og du vil i sidste ende gå dødens vej.

I Første Samuelsbog 2, handler sønnerne af præsten Eli ondt, og begår synder. Eli skulle have straffet dem, men han advarede dem kun: "Hvorfor gør I sådan? I bør ikke gøre det."

I sidste ende faldt Guds vrede over dem. Elis to sønner døde i et slag, og Eli faldt baglæns ned af sin stol lige ved porten, brækkede halsen og døde. Guds vrede faldt også over hans efterkommere (Første Samuelsbog 2:27-36, 4:11-22).

Derfor står der i Efeserbrevet 5:11-13: *"Tag ikke del i mørkets frugtesløse gerninger, men afslør dem. For man skammer sig blot ved at nævne, hvad de gør i det skjulte, men alting kommer for dagen, når det afsløres af lyset."*

Hvis der er nogen, som hævder at have fællesskab med Gud, men som ikke går i lyset, bør du advarer dem med kærlighed. Hvis de stadig ikke kommer ind i lyset, bør du irettesætte dem for at føre dem til lyset, sådan at de ikke vil gå dødens vej.

Tilgivelse ved at gå i lyset

Der er love i denne verden, og hvis nogen bryder loven, vil de blive straffet i overensstemmelse med deres gerninger. Men de kan ikke undgå at have skyldig samvittighed, for skaden er allerede sket, selv om de har taget deres straf. Ligeledes vil du stadig have en syndefuld natur i dit hjerte, selv om du har taget imod Jesus Kristus, har fået syndernes tilgivelse og er blevet erklæret retfærdig. Derfor befaler Gud dig at omskære dit hjerte, sådan at du ikke føler, at du har skyldig samvittighed.

Der står i Jeremias' Bog 4:4: *"Judas mænd, Jerusalems indbyggere, omskær jer for Herren, fjern jeres hjertes forhud, for at min harme ikke skal slå ud som ild og brænde, så ingen kan slukke den, på grund af jeres onde gerninger."* Omskæring af hjertet betyder at skære huden væk fra hjertet.

At skære huden væk fra dit hjerte betyder at følge det, som Gud siger i Bibelen såsom: "Gør", "gør ikke", "overhold" og "skil dig af med". Med andre ord betyder det at uddrive alt, der er imod Guds ord, såsom usandhed, ondskab, uretfærdighed, lovløshed, og mørke, og at rense dit hjerte og fylde det med sandhed.

Derfor må man flittigt gøre Guds ord til sin føde, absorbere næringsstofferne ved at handle i overensstemmelse med dem, og udskille affaldsstofferne ondskab og usandhed, som hører til mørket. Når du omskærer dit hjerte, kan du vokse i spirituel forstand.

Når du bliver et spirituelt og sandfærdigt menneske, der

udskiller synd og ondskab som affaldsstoffer, kan du have fællesskab med Gud. Så vil Jesu Kristi blod rense dig for synder, idet du har dette fællesskab.

Derfor bør du ikke alene tage imod Jesus Kristus og blive erklæret retfærdig, men også ændre dig til et retfærdigt menneske ved at spise Menneskesønnens kød, drikke hans blod og omskære dit hjerte.

Tro ledsaget af handling er sand tro

Til din overraskelse vil du se mange mennesker, som ikke fuldt ud forstår meningen med tro. Nogle siger: "Hvorfor går du ikke bare i kirke? Du vil stadig blive frelst."

Hvis man lytter til Guds ord og kender det, men ikke handler i overensstemmelse med det, er det kun tro som en form for viden i hovedet, og ikke sand tro. På denne måde kan man ikke blive frelst. Hvad er den tro, som Gud anerkender? Hvordan kan man blive frelst ved troen?

Sand anger kræver at man vender sig bort fra synden

I Første Johannesbrev 1:8-9 står der at: *"Hvis vi siger, at vi ikke har nogen synd, fører vi os selv på vildspor, og sandheden er ikke i os. Hvis vi bekender vores synder, er han trofast og retfærdig, så han tilgiver os vore synder, og renser os for al uretfærdighed."*

Hvad er det så at bekende sine synder? Lad os antage, at Gud siger: " Øst er vejen til evigt liv og min vilje, så gå mod øst". Men hvis du fortsætter med at gå mod vest, og siger: "Gud, jeg burde gå mod øst, men jeg går mod vest. Tilgiv mig!", så er der ikke tale om en bekendelse. Dette er ikke at tro på Gud og have gudsfrygt, men snarere at håne ham. Sand anger kan kun finde sted ved dels at bekende dine synder med læberne, og dels at vende dig fuldstændig bort fra synden i dine handlinger. Først da vil Gud modtage angeren og lade dig få tilgivelse. Du vil dø, hvis ikke du spiser, selv om du ved, at du må spise for at holde dig i live. På samme måde vil du ikke blive renset af Herrens blod, hvis du kun bekender dine synder med læberne, og ikke vender dig bort fra dem.

Tro uden handling er død tro

I Jakobsbrevet 2:22 står der: *"Som du ser, virkede troen sammen med hans gerninger, og det var af gerningerne, hans tro blev fuldkommen."* Vers 26 fortsætter: *"For en tro uden gerninger er lige så død som et legeme uden åndedræt."*

Mange mennesker går i kirke, fordi de har hørt, at der er himmel og helvede. Men da de ikke for alvor tror på dette faktum i deres hjerter, ledsages dette ikke af gerninger. Dette er kun tro som viden og dermed død tro.

Hvis man bekender med sine læber at man tror, men stadig lever i synd, hvordan kan man så sige, at man har tro? Bibelen fortæller dig, at synd, som begås bevidst, er værre end synd, som begås ubevidst. Når man bekender: "Jeg tror", men ikke udfører troens gerninger, kan man selv mene, at man har tro, men Gud anerkender det ikke som sand tro.

Israelitterne, som udvandrede fra Egypten, oplevede mange af Guds gerninger. Gud skilte vandede i det Røde Hav, gav dem manna og vagtler, og beskyttede dem med en søjle af skyer om dagen og en søjle af ild om natten.

Men da Gud befalede dem at spejde efter Kanaans land, var det kun Josva og Kaleb, der troede på Guds ord og kraft. Som konsekvens fik de israelitter, som ikke adlød Gud, fordi deres tro ikke var stærk nok, 40 års prøvelser i ørkenen og døde dér til sidst.

Du må erkende, at der er nyttesløst, hvis du ikke tror på og handler i overensstemmelse med Guds ord, selv om du har bevidnet og oplevet mange af Guds gerninger. Tro ledsages af handlinger.

Kun de, som overholder loven, retfærdiggøres

Gud fortæller os i Romerbrevet 2:13 følgende: *"For det er ikke dem, som hører loven, der er retfærdige for Gud, men de, som gør loven, vil blive gjort retfærdige."* Man er ikke retfærdig bare ved at gå til gudstjeneste og lytte til budskabet. Man er bliver først retfærdiggjort, når det usande hjerte forandres til et sandt hjerte, ved at man handler i overensstemmelse med Guds ord.

Nogle siger, at man kan blive frelst bare ved at kalde Jesus Kristus "Herre" med læberne, og misforstår dermed Romerbrevet 10:13: *"Enhver, som påkalder Herrens navn, skal frelses. "* Men dette er helt bestemt forkert. Som der står i Esajas' Bog 34:16: *"søg i Herrens bog, og læs, ikke en eneste af dem mangler, ingen som helst savnes. Det har hans mund befalet, hans ånd har samlet dem sammen. "* Guds ord har en mage, og det bliver først fuldkomment, når det fortolkes med denne mage.

I Romerbrevet 10:9-10 står der: *"For hvis du med din mund bekender, at Jesus er Herre, og i dit hjerte tror, at Gud har oprejst ham fra de døde, skal du frelses. For med hjertet tror man til retfærdighed, og med munden bekender man til frelse. "*

Kun de, som i sandhed tror i deres hjerter, at Jesus er genopstanden, kan bekende sandt med læberne, fordi de lever i overensstemmelse med Guds ord. De vil blive frelst, når de bekender med sand tro, og i stigende grad blive retfærdige, men de, som bekender uden tro, kan ikke blive frelst.

Det er derfor, Jesus siger i Matthæusevangeliet 13:49-50: *"Således skal det gå ved verdens ende: Englene skal gå ud og skille de onde fra de retfærdige og kaste dem i ovnen med ild. Dér skal være gråd og tænderskæren. "*

Her henviser "de retfærdige" til alle dem, som anerkender Gud og hævder at have tro. At skille de onde fra de retfærdige betyder at de, som ikke handler i overensstemmelse med Guds ord ikke kan blive frelst, selv om de går i kirke og fører kristne liv.

Gud ønsker virkelig en omskæring af hjertet

Gud ønsker, at hans børn skal være hellige og perfekte. Det er derfor, han i Første Petersbrev 1:15 fortæller os: *"Ligesom han, der har kaldet jer, er hellig, skal også I være hellige i hele jeres livsførelse"* og i Matthæusevangeliet 5:48: *"Så vær da fuldkomne, som jeres himmelske Fader er fuldkommen."* På tiden for det Gamle Testamente, blev folk frelst gennem handlinger, som repræsentation for det, der skulle komme, men efter tiden for det Nye Testamente, da Jesus Kristus opfyldte loven med kærlighed, er man blevet frelst ved troen.

At blive frelst ved lovens handlinger betyder, at selv om du for eksempel har et snavset hjerte, hvor der er plads til mord, had, utroskab, løgn og så videre, så bliver det ikke regnet for en synd, hvis ikke det fører til handling.

Gud fordømte ikke folk, med mindre de udførte forkerte handlinger, for de kunne ikke selv skille sig af med deres synder uden Helligånden på tiden for det Gamle Testamente. Men fra det Nye Testamentes tid frelses man kun, hvis man omskærer sit hjerte i troen med hjælp fra Helligånden, for Helligånden er kommet til os. Helligånden får os til at blive bevidste om forskellen mellem synd og retfærdighed, minder os om dommedag, og gør os i stand til at leve i overensstemmelse med Guds ord. Derfor kan man skille sig af med usandheden og omskære sit hjerte med hjælp fra Helligånden.

Du må indse, at Gud for alvor beder dig om at omskære dit hjerte, skille dig af med synder, være hellig og deltage i den guddommelige natur. Apostelen Paulus kendte Guds vilje og lærte folk om omskæring af hjertet, ikke af kødet (Romerbrevet 2:28-29). Han råder dig til at modstå synden indtil blodet springer, med øjnene fikseret på Jesus, som fuldkommengør din tro (Hebræerbrevet 12:1-4).

Jeg håber, at du vil have sand tro ledsaget af handlinger i erkendelse af, at du ikke kan komme i himmelen bare ved at sige: "Herre, Herre", men kun ved at gå i lyset og omskære dit hjerte.

Kapitel 9

AT BLIVE FØDT AF VAND OG ÅND

- Nikodemus kommer til Jesus
- Jesus hjælper Nikodemus' spirituelle forståelse
- Når man er født af vand og ånd
- Tre vidner: Ånden, vandet og blodet

Der var et menneske, en af farisæerne, ved navn Nikodemus, medlem af jødernes råd. Han kom til Jesus om natten og sagde til ham: "Rabbi, vi ved, at du er en lærer, der er kommet fra Gud; for ingen kan gøre de tegn, du gør, uden at Gud er med ham." Jesus svarede ham: "Sandelig, sandelig siger jeg dig; Den, der ikke bliver født på ny, kan ikke se Guds rige." Nikodemus sagde til ham: "Hvordan kan et menneske fødes, når det er gammelt? Det kan da ikke for anden gang komme ind i sin mors liv og fødes?" Jesus svarede: "Sandelig, sandelig siger jeg dig: Den, der ikke bliver født af vand og ånd, kan ikke komme ind i Guds rige."

Johannesevangeliet 3:1-5

Gud sendte Jesus Kristus, hans enbårne søn, og åbnede vejen til frelse. Enhver, der tager imod ham, får retten til at blive Guds barn og nyder et velsignet og evigt liv nu og fremover. Men nu om stunder kan man se mange menneske, som ikke har denne forsikring om frelse, selv om de har taget imod Jesus Kristus. Desuden er der nogle mennesker, som hævder at have modtaget frelsen, men som mangler tilstrækkelig tro til at blive frelst, eller andre, som hævder, at de vil blive frelst, fordi de en enkelt gang har modtaget Helligånden, men uden at være påpasselige med deres gerninger.

For nu at afslutte budskabet fra korset, lad os ved hjælp af historien om Nikodemus gøre det tydeligt, hvordan man når den fuldkomne frelse fra det øjeblik, man tager imod Jesus Kristus.

Nikodemus kommer til Jesus

På Jesu tid havde farisæerne stor respekt for Moseloven, og overholdt de ældres tradition. De var de religiøse ledere for det udvalgte folk, israelitterne, som troede på Guds herredømme, genopstandelsen, englene, dommedag og Messias' genkomst.

Ikke desto mindre irettesatte Jesus dem gentagne gange, og sagde: "Ve jer, farisære". De var hyklere, som fremstod hellige overfor andre mennesker, men deres indre var fuldt af grådighed og selvtilfredsstillelse ligesom hvidvaskede grave (Matthæusevangeliet 23:25-36).

Nikodemus havde et godt hjerte

Nikodemus var en af farisæerne i jødernes råd, som hed Sanhedrin. Men han forfulgte ikke Jesus ligesom de andre farisæere. I stedet troede han på, at Jesus var kommet fra Gud, idet han havde set de tegn og undere, som Jesus havde udført. Nikodemus ønskede at kende Jesus, fordi han havde et godt hjerte.

I Johannesevangeliet 7:51 forsvarer Nikodemus Jesus overfor de farisæere, som ønsker at pågribe ham: *"Vores lov dømmer da ikke et menneske, uden at man først har hørt på ham og fået rede på, hvad han har gjort?"*

Det kan ikke have været nemt for et medlem af Sanhedrin at tale på den måde. Selv i dag kan offentligt ansatte ikke stå på kristendommens side, hvis regeringen forbyder eller fraråder kristendom. Israelitterne regnede på den tid alle religioner, som ikke var jødedom, for at være forkerte. Nikodemus vidste derfor, at han kunne blive ekskommunikeret, hvis han stod på Jesu side.

Ikke desto mindre forsvarede Nikodemus Jesus. Det viser, at han var et sandfærdigt menneske, og at han stod fast på troen på Jesus.

Johannesevangeliet 19:39-40 portrætterer en scene umiddelbart efter Jesu død på korset:

Også Nikodemus kom; det var ham, som tidligere var kommet til Jesus om natten; han medbragte en blanding af myrra og aloe, omkring hundrede pund. Så tog de Jesu legeme og viklede linnedklæder om det sammen med de vellugtende salver, som det er skik hos jøderne ved begravelse.

Nikodemus troede således på, at Jesus var sendt af Gud, og han tjente Jesus uforanderligt selv efter hans korsfæstelse, og opnåede dermed frelse gennem troen på hans genopstandelse.

Nikodemus kommer til Jesus

I Johannesevangeliet 3 er der en dialog mellem Jesus og Nikodemus, som finder sted før sidstnævnte kommer til at forstå sandheden i ånden.

Nikodemus kom til Jesus: *"Han kom til Jesus om natten og sagde til ham: 'Rabbi, vi ved, at du er en lærer, der er kommet fra Gud; for ingen kan gøre de tegn, du gør, uden at Gud er med ham.'"* (vers 2).

Nikodemus vidste ikke i starten, at Jesus var Messias og Guds søn. Men efter at han havde set Jesu mirakler, indså og erklærede Nikodemus, at Jesus var sendt af Gud, for Nikodemus var et menneske med god samvittighed. Gennem denne gode samvittighed vidste han, at det kun var den almægtige Gud, som kunne vække de døde til live, lade de blinde se, lade de lamme gå og lade de spedalske blive helbredt.

Hvorfor kom han så til Jesus om natten? Han var ligesom de

mennesker, som ikke ønsker at gå i kirke åbenlyst, fordi de ikke har tilstrækkelig tillid til Gud Skaberen. Selv om Nikodemus havde et godt hjerte, havde han ikke sand tro. Han havde ikke tillid til Jesus som Guds søn og Messias, så han besøgte ikke Jesus åbenlyst om dagen - han gjorde det om natten.

Jesus hjælper Nikodemus' spirituelle forståelse

Jesus talte med Nikodemus: *"Jesus svarede ham: 'Sandelig, sandelig siger jeg dig: Den, der ikke bliver født på ny, kan ikke se Guds rige.'"* (Johannesevangeliet 3:3).

Men Nikodemus kunne slet ikke forstå dette. Så han spurgte igen: "Hvordan kan et menneske fødes, når det er gammelt?" Han havde ikke spirituel tro, så han sagde undrende: "Et gammelt menneske dør og vender tilbage til jorden. Hvordan kan det så blive født igen?"

Jesus fortalte ham da om at blive født af vand og ånd: *"Sandelig, sandelig siger jeg dig: Den, der ikke bliver født af vand og ånd, kan ikke komme ind i Guds rige. Det, der er født af kødet, er kød, og det, der er født af Ånden, er ånd."* (Johannesevangeliet 3:5-6).

Nikodemus var nysgerrig efter at forstå det, Jesus sagde, og Jesus forklarede det derfor i en lignelse: *"Vinden blæser, hvorhen den vil, og du hører den suse, men du ved ikke, hvor den kommer fra, og hvor den farer hen. Sådan er det med enhver, som er født af Ånden."* (Johannesevangeliet 3:8).

Efter Adams ulydighed er enhver ånd død, og alle var derefter bestemt til at dø. Men menneskets ånd genoplives efter at blive født af Helligånden. Når det bliver spirituelt, genoprettes dets billede af Gud, og det frelses. Men Nikodemus forstod ikke, hvad Jesus mente (Johannesevangeliet 3:9). Han spurgte: "Hvordan kan dette gå til?", og Jesus svarede:

Tror I ikke, når jeg taler til jer om det jordiske, hvordan skal I så tro, når jeg taler til jer om det himmelske? Ingen er steget op til himlen undtaget den, der steg ned fra himlen, Menneskesønnen. Og ligesom Moses ophøjede slangen i ørkenen, sådan skal Menneskesønnen ophøjes, for at enhver, som tror, skal have evigt liv i ham. (Johannesevangeliet 3:12-15).

I Fjerde Mosebog 21:4-9 ser man, at israelitterne, som var blevet ført ud af Egypten, talte Moses imod, fordi deres rejse til Kanaan var blevet mere og mere vanskelig. Så vendte Gud sit ansigt bort og sendte giftige slanger, som bed folket. Da de bad om hjælp, fortalte Gud Moses, at han skulle lave en kobberslange og sætte den på en stang. Gud frelste dem, som så på den, men de stædige mennesker døde, fordi de ikke gad se på slangen i deres mistro.

At forstå Gud ord spirituelt

Hvorfor befalede Gud at lave en kobberslange og sætte den på en stang? Fra Første Mosebog 3:14 ved vi, at slangen var forbandet. Desuden står der i Galaterbrevet 3:13 at: *"Forbandet er enhver, der hænger på et træ."*

At sætte en kobberslange på en stang symboliserer derfor, at Jesus ville blive hængt på at trækors ligesom en forbandet slange for at forløse dig. Desuden vil enhver, som tror på Jesus Kristus blive frelst, ligesom enhver, der så på kobberslangen, ville leve.

Nikodemus kunne ikke forstå meningen med Guds ord, for han var endnu ikke født af vand og ånd, og hans spirituelle øjne var endnu ikke blevet åbnet.

Selv i dag kan du ikke forstå meningen af et spirituelt budskab, hvis ikke du er født af vand og ånd, og Helligånden har åbnet dine spirituelle øjne, for du vil opfatte det bogstaveligt og dermed misforstå det.

Du må bede brændende for at forstå den spirituelle betydning af Guds ord med inspiration fra Helligånden. Så vil Guds nåde åbne dit hjerte, og du kan forstå Guds ord og få sand tro.

Når man er født af vand og ånd

Da Nikodemus kom om natten, sagde Jesus til ham: *"Sandelig, sandelig siger jeg dig: Den, der ikke bliver født af vand og ånd, kan ikke komme ind i Guds rige. Det, der er født af kødet, er kød, og det, der er født af? Ånden, er ånd."* (Johannesevangeliet 3:5-6).

Lad os gøre det klart, hvad det betyder at blive født af vand og ånd. Hvordan kan man blive født igen ved vand og ånd, og opnå frelse?

Vand symboliserer det evige livs vand

Vans slukker din tørst og beroliger kroppens indre organer. Det renser også kroppen båden inden i og udenpå. Jesus sammenligner det evige livs vand med almindeligt vand for at forklarer, at det renser dig og giver dig liv.

I Johannesevangeliet 4:14 fortæller Jesus os: *"Enhver, som drikke af dette vand, skal tørste igen. Det vand, jeg vil give ham, skal i ham blive en kilde, som vælder med vand til evigt liv."* Når man drikker almindeligt vand, vil man slukke tørsten for en tid, men man vil efterhånden blive tørstig igen. Her tales der dog om det evige vand. Enhver, som drikker det vand, som Jesus giver, vil aldrig komme til at tørste mere. Det vil blive "en kilde, som vælder med vand til evigt liv", som giver dig liv.

I Johannesevangeliet 6:54-55 står der: *"Den, der spiser mit kød og drikker mit blod, har evigt liv, og jeg skal oprejse ham på den yderste dag. For mit kød er sand mad, og mit blod er sand drik."* Det vil sige, at Jesu kød og blod er evigt vand.

Desuden henviser hans kød til Bibelens ord, for Jesus er ordet, som kom til jorden i kød. At spise hans kød henviser til at ihukomme hans ord gennem læsning i Bibelen.

Jesu blod er liv, og livet er sandheden. Sandheden er Kristus, og Kristus er Guds kraft. Alt dette er Jesu blod. Da Guds kraft kommer i troen, er betydningen af at drikke Jesu blod, at adlyde hans ord med tro.

Du har lært, at vand spirituelt set symboliserer Jesu kød, som er Guds ord og Guds lam. Ligesom vand renser din krop, vil Guds ord vaske de snavsede ting bort fra dit hjerte.

Det er derfor, man bliver døbt med vand i kirken, og dåben symboliserer, at du er Guds barn og at dine synder er dig tilgivet. Desuden betyder det, at du skal meditere på Guds ord og blive renset af det hver dag.

Født igen med vand

Hvordan kan man vaske snavset fra sit hjerte med Guds ord, som er det evige vand?

Gud giver os fire typer af befalinger: "Gør", "gør ikke", "overhold" og "skil dig af med". For eksempel fortæller Gud os, at vi ikke må være misundelige, hade, fordømme, stjæle, være utro og myrde.

Man skal undlade at gør det, der er forbudt og på samme tid skille sig af med alle slags onde ting. Man skal også overholde søgnedagen, forkynde, bede og elske hinanden. Da vil hjertet gradvist blive fyldt med sandhed ved hjælp af Helligånden, og Guds ord vil vaske uretfærdighed og synder bort. På denne måde vil hjertet blive omskåret og transformeret til sandhed ved at handle i overensstemmelse med Guds ord, og dette er at blive "født af vand".

For at modtage den fulde frelse må du derfor ikke alene tage imod Jesus, men også omskære dit hjerte ved at adlyde Guds ord i hvert eneste øjeblik af dit liv.

Født igen med ånd

For at modtage frelse skal man fødes af vand og også af ånd. Hvordan kan man fødes af ånd? I Apostlenes Gerninger 19:2 spørger apostelen Paulus nogle disciple: *"Fik I Helligånden, da I kom til at tro?"* Hvad er det at få Helligånden? Det første menneske, Adam, bestod af ånd, sjæl og krop (Første Thessalonikerbrev 5:23), men hans ånd døde som resultat af hans ulydighed. Så blev han et væsen, som ikke var bedre end et dyr med krop og sjæl (Prædikerens bog 3:18).

Hvis du angrer dine synder og erkender, at du er en synder, giver Gud dig Helligånden som gave og bevis på, at du er hans barn (Apostlenes Gerninger 2:38).

Ethvert barn af Gud, som modtager Helligånden, er i stand til at skelne mellem godt og ondt ved Guds ord, og at leve i overensstemmelse med Guds ord ved kraft og styrke fra himlen gennem brændende og kontinuerlig bøn.

På denne måde forandrer man sandheden og får spirituel tro i den udstrækning, at man føder ånden gennem Helligånden. I Johannesevangeliet 3:6 står der: *"Det, der er født af kødet, er kød, og det, der er født af Ånden, er ånd"* og i Johannesevangeliet 6:63: *"Det er Ånden, som gør levende, kødet gør ingen gavn. De ord, jeg har talt til jer, er ånd og liv."*

At blive et spirituelt menneske ved at følge Helligånden

Når du fødes af vand og Helligånden, vil du få borgerskab i himlen (Filipperbrevet 3:20). Som Guds barn deltager du i gudstjenester, priser ham med glæde og stræber efter at leve i lyset. Før man modtager Helligånden, lever man i mørket, fordi man ikke kender sandheden. Men efter at man modtager Helligånden, forsøger man at leve i lyset. Som tiden går, opdager man, at selv om man har glæde i sit hjerte, så kæmper man konstant indvendigt. Det skyldes, at åndens lov følger Helligåndens ønsker, og kæmper mod den syndefulde naturs lov, som følger det syndefulde menneskes begær, hans øjnes lyst og pral med jordisk gods (Første Johannesbrev 2:16).

Apostelen Paulus talte om denne kamp: *"For jeg glæder mig inderst inde over Guds lov. Men jeg ser en anden lov i mine lemmer, og den ligger i strid med loven i mit sind og holder mig som fange i syndernes lov, som er i mine lemmer. Jeg elendige menneske! Hvem skal fri mig fra dette dødsens legeme?"* (Romerbrevet 7:22-24).

Når man fødes af vand og ånd, er man netop blevet et barn af Gud. Det betyder, at du er et spirituelt set perfekt menneske.

Det er derfor, Galaterbrevet 5:16-17 fortæller os følgende: *"Hvad jeg mener, er: I skal leve i Ånden og ikke følge kødets lyst. For kødets lyst står Ånden imod, og Ånden står kødet imod. De to ligger i strid med hinanden, så I ikke kan gøre, hvad I vil."*

For at følge Helligånden skal man leve i overensstemmelse med Guds ord, og udføre hans vilje på en måde, som er acceptabel og behagelig for Gud. Hvis du følger åndens ønsker, vil du ikke blive fristet af den syndefulde natur. Du kan leve i sandheden og tillidsfuldt hellige dig Guds rige og retfærdighed. Når du følger Helligåndens ønsker, lever du i glæde og fred. Men du vil blive ødelagt og bebyrdet, hvis du følger den syndefulde naturs ønsker. Efterhånden som din tro modner, vil du kunne skille dig af med synder og følge Helligåndens ønsker i alle henseender. Den lyst i dig, som ønsker at følge den syndefulde natur, vil forsvinde. Desuden vil du ikke have behov for at kæmpe med at skille dig af med synder og ødelæggelse. Du vil altid være glad under alle omstændigheder.

Gud glæder sig over dem, som lever efter Helligåndens ønsker. Han giver dem, hvad deres hjerter ønsker, som han lover os i Salmernes Bog 37:4: *"Find din glæde i Herren, så giver han dig, hvad dit hjerte ønsker."*

Hvis du forandrer dit hjerte til at være opfyldt kun at sandhed, vil Gud være meget tilfreds med dig, og gøre alt muligt for dig. Jeg håber, at du vil blive født af vand og ånd, og leve i overensstemmelse med Helligåndens ønsker.

Tre vidner: Ånden, vandet og blodet

Som jeg allerede har forklaret, skal man fødes af vand og ånd for at blive frelst. Men for at få den fuldstændige frelse, må man renses fra synder med Jesu blod ved at gå i lyset.

Hvis dit hjerte ikke renses, vil du stadig have synder. Derfor har du brug for Jesu Kristi blod for at blive renset og afholde dig fra at synde.

Første Johannesbrev 5:5-8 fortæller os desangående:

> *Og hvem andre kan overvinde verden end den, som tror, at Jesus er Guds søn? Han er den, der er kommet gennem vand og blod, Jesus Kristus. Han kom ikke kun med vandet, men med vandet og blodet; og det er Ånden, som vidner, fordi Ånden er sandheden. For der er tre, som vidner: Ånden og vandet og blodet, og de tre bliver til ét.*

Jesus kommer med vand og blod

I Johannesevangeliet 1:1 står der at *"Ordet var Gud"*, og i Johannesevangeliet 1:14: *"Og ordet blev kød og tog bolig iblandt os, og vi så hans herlighed, en herlighed, som den Enbårne har den fra Faderen, fuld af nåde og sandhed."* Det vil sige, at Jesus, Guds enbårne søn og selveste Guds ord, kom til jorden for at tilgive vores synder. Selv i dag fortsætter han med at rense os med Guds ord, Bibelen.

Man kan dog ikke leve i overensstemmelse med Guds ord uden hjælp fra Helligånden. Det er umuligt at skille sig af med synden ved egen kraft. Man må modtage hjælp fra Helligånden gennem brændende bøn, sådan at man kan skille sig af med kødets syndefulde natur, øjnenes lyst og pral med jordiske ejendele. Først da kan man uddrive usandhedens mørke fra sit hjerte. Desuden er der behov for blodsudgydelser for at blive tilgivet. I Hebræerbrevet 9:22 står der: *"Ja, efter loven bliver næsten alt renset med blod, og der finder ingen tilgivelse sted, uden at der udgydes blod."* Man har brug for Jesu blod, for kun ved hans lydefri og skyldsløse blod kan man få tilgivelse.

Du må tro på Jesus, som kom i vand og blod, og modtage Helligånden som gave fra Gud for at opnå frelse, for du har brug for følgende tre: Ånden, vandet og blodet.

Hvis der ikke udgydes blod, er der ingen tilgivelse, og du er stadig i synden. Du har ikke kun behov for ordet - vandet - for at blive renset, men også for Helligåndens hjælp for at leve i fuldstændig overensstemmelse med ordet. Så de tre bliver til ét.

Vi må derfor fortsætte med at blive født af vand og ånd efter at have taget imod Jesus Kristus og have fået syndernes tilgivelse. Sådan opnår vi den fulde frelse: Ved at de tre - ånden, vandet og blodet - sammen frelser os og fører os til himlen.

Kapitel 10

HVAD ER KÆTTERI?

- Den Bibelske definition af kætteri
- Sandhedens ånd og vildfarelsens ånd

Der var dog også falske profeter i folket, ligesom der også blandt jer vil komme falske lærere, som vil indsmugle ødelæggende vranglærdomme og tilmed fornægte den Herre, som købte dem. De nedkalder en brat tilintetgørelse over sig selv, men mange vil følge dem i deres udsvævelser, og sandhedens vej vil komme i vanry på grund af dem. I deres griskhed vil de søge at udnytte jer ved hjælp af opdigtede historier; men dommen over dem er fældet for længe siden, og deres fortabelse slumrer ikke.

Andet Petersbrev 2:1-3

Efterhånden som en materialistisk kultur har udviklet sig, er folk begyndt at fornægte Gud, fordi de stoler på deres egen visdom og viden. Synderne har udbredt sig, og folks ånd er blevet formørket. Folk er blevet korrupte. Derfor er der mange mennesker, som bliver narret af løgne, idet de ikke kan skelne mellem det, som er sandt, og det, som er falsk. De begår også den fejl at bedømme andre mennesker på baggrund af deres selvretfærdige viden og teorier.

I Matthæusevangeliet 12:22-32 helbreder Jesus en mand, som er besat af dæmoner, og som er blind og stum. Da farisæerne hører om dette, siger de: *"Det kan kun være ved dæmonernes fyrste Beelzebul, at han uddriver dæmoner"* (vers 24). De vurdere Guds gerning til at være blevet udført af en dæmon.

Jesu svar til dem er optegnet i Matthæusevangeliet 12:31-32: *"Derfor siger jeg til jer: A synd og bespottelse skal tilgives mennesker, men bespottelse mod Ånden skal ikke tilgives. Og den, der taler et ord imod Menneskesønnen, får tilgivelse, men den, der taler imod Helligånden, får ikke tilgivelse, hverken i denne verden eller i den kommende."*

Farisæerne konkluderede, at det, som Jesus havde gjort ved Guds kraft, var en dæmons gerning. Dette er blasfemi mod Helligånden. Disse farisæer kunne derfor ikke på nogen måde få tilgivelse.

Hvis man klart skelner mellem sandhed og falskhed med Bibelen, vil man ikke fordømme andre mennesker eller lade sig bedrage af det, der er falsk.

Lad os se nærmere på kætteri fra Guds perspektiv, og på, hvordan man skelner mellem Guds ånd og onde ånder, samt nogle af de kætterske sekter, som man skal være på vagt overfor.

Den Bibelske definition af kætteri

"The Oxford dictionary" [engelsk ordbog] definerer kætteri som en overbevisning eller en holdning, som er imod en bestemt religions principper. Nogle mennesker anser det, de selv tror på, for at være det rigtige, og anser andre religioner for at være kætteri. For eksempel er det kun buddhismen, som er sandfærdig og rigtig for en buddhist og andre religioner såsom konfucianisme er ikke sande.

Paulus anklaget for at være leder af en kættersk sekt

I Apostlenes gerninger 24:5 står der følgende: *"Det har vist sig, at denne mand er en pest og skaber uro blandt alle jøderne rundt om i verden som leder af nazaræernes parti."* Her henviser nazaræernes parti til en kættersk sekt, og det er første gang at ordet "kættersk" optræder i Bibelen.

Jøderne anklagede Paulus foran statholderen idet de mente, at det budskab, han prædikede, var kættersk. Paulus gendrev

anklagen og erklærede sin tro, som det optegnes i Apostlenes
Gerninger 24:13-16:

> *De kan heller ikke over for dig underbygge det, de nu*
> *anklager mig for. Men det bekender jeg for dig, at jeg*
> *følger Vejen, som de kalder for et parti, og sådan tjener*
> *jeg vore fædres Gud, idet jeg tror på alt, hvad der står*
> *skrevet i loven og profeterne, og har det samme håb til*
> *Gud som de: at der skal komme en opstandelse af både*
> *retfærdige og uretfærdige. Derfor stræber jeg også selv*
> *efter altid at have en uplettet samvittighed overfor Gud*
> *og mennesker.*

Var Apostelen Paulus virkelig kætter?

Man bør se nærmere på Bibelens definition af kætteri, for
Bibelen er Guds ord, og Gud er det eneste sande væsen, som kan
skelne mellem sandt og falsk. Den frase, som har bibetydningen
"kættersk sekt", optræder fem gange i Bibelen. Men definitionen
af kætteri omtales kun en gang:

> *Der var dog også falske profeter i folket, ligesom der*
> *også blandt jer vil komme falske lærere, som vil*
> *indsmugle ødelæggende vranglærdomme og tilmed*
> *fornægte den Herre, som købte dem. De nedkalder en*
> *brat tilintetgørelse over sig selv. (Andet Petersbrev 2:1).*

"Den Herre, som købte dem", henviser til Jesus Kristus.

Mennesket tilhørte oprindelig Gud og levede i overensstemmelse med hans vilje. Men efter Adams ulydighed blev han en synder, som tilhørte djævlen. Gud havde dog medlidenhed med folket, som gik døden i møde. Så han sendte Jesus, sin enbårne søn, som fredsoffer og lod ham blive korsfæstet, sådan at han kunne åbne vejen til frelse med sit blod.

Gud arbejdede for os, som engang havde tilhørt djævlen, for at vi skulle få tilgivelse for vores synder gennem tro på Jesus Kristus. Vi modtager også liv og kommer til igen at høre til Gud. Man kan dermed sige, at Jesus har købt os med sin korsfæstelse, og Bibelen fortæller os, at Jesus er "den Herre, som købte dem".

Kættere fornægter Jesus Kristus

Nu ved vi, at "kætter" henviser til dem, som "fornægter den Herre, som købte dem. De nedkalder en brat tilintetgørelse over sig selv." (Andet Petersbrev 2:1). Denne frase var aldrig blevet brugt, før Jesus fuldførte sin mission som frelseren. Navnet "Jesus" betyder: "Den, som vil frelse sit folk fra deres synder". "Kristus" er "den salvede". Jesus blev først frelseren efter at han havde udført sin gerning - at blive korsfæstet og genopstå. Det er derfor, man ikke finder frasen i det Gamle Testamente eller i Matthæus-, Markus-, Lukas- eller Johannesevangeliet, hvor Jesus liv er optegnet. Selv farisæerne, lovens lærere, og præsterne, som retsforfulgte Jesus, brugte ikke denne frase. End ikke ypperstepræsterne brugte den.

Først efter at Jesus genopstod og fuldførte sin mission som Kristus, fremkom der mennesker, som fornægtede "den Herre, som købte dem". Og først da begyndte Bibelen at advare om kætteri.

Derfor er det sådan, at hvis man tror på Jesus Kristus som "den Herre, som købte dem", er man ikke kætter. Hvis de derimod benægter det, der de kættere. Apostelen Paulus benægtede ikke Jesus Kristus, som havde købt ham med sit dyrebare blod. I stedet takkede Paulus Jesus Kristus og forkyndte om ham, hvor end han gik, og Paulus blev retsforfulgt og måtte betale en høj pris. Fem gange piskede jøderne ham fyrre gange minus en. Han blev stenet, sat i fængsel, forfulgt af hedningene og sine egne landsmænd, og blev bedraget af dem, han havde stolet på. Til trods for alt dette blev Paulus en mand med stor styrke til at overkomme disse lidelser med glæde og taknemmelighed, og han ærede Gud ved at helbrede utallige mennesker i Jesu Kristi navn indtil den dag, han døde martyrdøden.

Paulus prædikede budskabet og demonstrerede Guds kraft

Man skal være klar over, at Guds kraft ikke kan vises af dem, som fornægter Gud Skaberen og Jesus Kristus, som er selveste Guds natur, for i Bibelen står der helt tydeligt følgende: *"En ting har Gud sagt, to ting har jeg hørt: Hos Gud er der magt."* (Salmernes Bog 62:11).

Man må ikke dømme en person, som har demonstreret Guds magt, for denne magt beviser, at Gud er med ham og at denne person elsker ham højt. I Galaterbrevet 1:6-8 advarer Paulus, som blev kaldt leder at nazaræernes parti, om at følge eller prædike andre budskaber end budskabet fra korset:

> *Jeg undrer mig over, at I så hastigt lader jer vende bort fra ham, som kaldte jer ved Kristi nåde, til et andet evangelium, som slet ikke er et evangelium; der er bare nogle, som forvirrer jer og søger at forvrænge Kristi evangelium. Men om så vi selv eller en engel fra himlen forkyndte jer et andet evangelium end det, vi har forkyndt jer, forbandet være han.*

Selv i dag er der mennesker, der bliver dømt som kættere, selv om de ikke fornægter Jesus Kristus, men udelukkende prædiker Kristi budskab og forkynder den levende Gud ved at demonstrerer hans kraft og udfører gerninger med den.

Døm ikke andre som kættere på tilfældig vis

Jeg har selv lidt og udholdt en række prøvelser ved at blive beskyldt for kætteri, idet jeg har demonstreret Guds kraft og min kirke har vokset sig stor. Faktisk er menigheden vokset til over 120,000 medlemmer i de sidste to årtier, siden kirken blev grundlagt i 1982.

Jeg havde lidt af mange sygdomme gennem syv år, og blev helbredt med Guds kraft. Derefter forsøgte jeg at leve til Guds ære om end jeg spiste eller drak, på samme måde som apostelen Paulus gjorde det i sin tid. Jeg lagde mit liv i Guds hænder, og fokuserede kun på: Jesus, altid Jesus.

Fra begyndelsen forsøgte jeg at bære vidnesbyrd om, at Gud havde helbredt mig, og at prædike budskabet. Efter at jeg blev kaldt som Guds tjener, prædikede jeg budskabet fra korset og forkyndte den levende Gud og Jesus, Frelseren. Jeg bar endda vidnesbyrd om Gud, når jeg udførte vielser, for jeg ønskede inderligt at føre flere mennesker på frelsens vej.

Jeg indså, at både Guds kraftfulde ord og beviset for den levende Gud var nødvendige for at være Herrens vidne til verdens ende. Så jeg bad brændende, som troens forfædre gjorde det, for at modtage Guds kraft, og gennemgik alle de prøvelser, som blev givet til mig med taknemmelighed og glæde.

Til tider var det dødlignende prøvelser. Men ligesom Jesus fik genopstandelsens ære efter hans lydefri død, øgede Gud min styrke i overensstemmelse med hans vilje, når jeg en efter en overvandt prøvelserne.

Som resultat af dette er titusindvis af mennesker kommet til at angre, de blinde har fået synet tilbage, de stumme er begyndt at tale, de døve er begyndt at høre og uhelbredelige sygdomme som AIDS og forskellige typer af kræft er blevet helbredt, når jeg har båret vidnesbyrd om Gud, den eneste sande Gud, og hvorfor man frelses, når man tror på Jesus Kristus. Dette har jeg gjort overalt i verden siden år 2000: Kenya, Uganda, Honduras, Japan, selv det overvejende muslimske Pakistan og det hinduistiske land Indien, og miraklerne er foregået til Guds ære.

Derfor vil den, som fuldt ud forstår, hvad kætteri er, ikke letsindigt dømme andre som kættere. I Apostlenes Gerninger 5:33-42 læser man om Gamaliel, en af lovens lærere, som havde alle menneskers respekt. Hvordan opførte han sig?

På den tid forbød farisæerne i Rådet Peter og Johannes at vidne om Jesus Kristus, men de var opfyldt af Helligånden og adlød ikke rådet. Medlemmerne af Rådet ønskede derfor at slå apostlene ihjel. Men Gamaliel rejste sig i Rådet og befalede, at mændene skulle føres udenfor. Så talte han til de andre:

Israelitter! Tag jer i agt for, hvad I er ved at gøre med disse mænd. For før vores tid optrådte Theudas og påstod, at han var noget. Han fik tilslutning fra omkring fire hundrede mand, men han blev dræbt, og alle, der havde fulgt ham, blev spredt og blev til ingenting. Efter ham optrådte Judas fra Galilæa i folketællingens dage, og han fik folk til at følge sig og gøre oprør; men han opkom også, og alle de, der havde fulgt ham, blev spredt for alle vinde. I denne sag siger jeg jer: Hold jer fra disse mennesker og lad dem gå! For hvis dette er menneskets vilje eller værk, falder det fra hinanden, men er det fra Gud, kan I ikke fælde dem; kom ikke til at stå som mennesker, der kæmper mod Gud. (Apostlenes Gerninger 5:35-39).

Når man læser denne passage, ser man, at hvis en mirakuløs gerning ikke er fra Gud, så vil den til sidst slå fejl, selv om man ikke gør noget for at stoppe den. Men hvis en gerning i sandhed er fra Gud, så vil man ikke være i stand til at stoppe den, selv om man gør modstand og foretager forstyrrelser. I så fald vil anstrengelserne gå imod Gud, og man vil blive udsat for hans dom og straf.

Til tider bedømmer folk andre som kættere, fordi der er forskellige tolkninger af Bibelen, forskellige visioner fra Helligånden og endda forskellige tunger, selv om de alle anerkender Treenigheden og at Jesus Kristus kom i kød.

Nogle mennesker siger, at de ikke har brug for tunger eller visioner, og at Helligåndens gerninger er forkerte, fordi der ikke er nogen optegnelser over, at Jesus talte i tunger eller fik visioner. Ikke desto mindre siger Bibelen, at disse ting er gode for os:

Det, som Ånden åbenbarer, får hver enkelt til fælles gavn. En får gennem Ånden den gave at meddele visdom, en anden kan ved den samme ånd meddele kundskab. En får tro ved den samme ånd, en anden nådegaver til at helbrede ved den ene og samme ånd, og igen en anden får kraft til at gøre mægtige gerninger. En får den gave at tale profetisk, en anden evnen til at bedømme ånder; én får forskellige slags tungetale, en anden evnen til at tolke tungetale. Alt dette virker ved den ene og samme ånd, der deler ud til hver enkelt, som den selv vil. (Første Korintherbrev 12:7-11).

Som følge af dette skal man ikke bagvaske eller dømme nogen, som har andre slags gaver fra Helligånden som kættere, bare fordi man ikke selv oplever disse gaver.

Sandhedens ånd og vildfarelsens ånd

I Andet Petersbrev 2:1-3 er der en forklaring på kætteri. Bibelen advarer om falske profeter og lærere, som i hemmelighed introducerer destruktive vildfarelser. *"Mange vil følge dem i deres udsvævelser, og sandhedens vej vil komme i vanry på grund af dem. I deres griskhed vil de søge at udnytte jer ved hjælp af opdigtede historier; men dommen er fældet over dem for længe siden, og deres fortabelse slumrer ikke."* (Andet Petersbrev 2:2-3).

Det står i Første Johannesbrev 4:1-3: *"Mine kære, tro ikke på enhver ånd, men prøv, om ånderne er af Gud, for der er gået mange falske profeter ud i verden. Derpå kan i kende Guds ånd: enhver ånd, som bekender, at Jesus er Kristus, kommet i kød, er af Gud; men enhver ånd, som ikke bekender Jesus, er ikke af Gud, og den er Antikrists ånd, som I har hørt skal komme, og den er allerede nu i verden."*

Test enhver ånd for, om den er fra Gud

Der er gode ånder, som tilhører Gud, og som fører dig til frelse, men der er også onde ånder, som narrer dig til destruktion. Den, som gives Guds ånd, anerkender at Jesus Kristus kom i kød. Han tror på Treenigheden - Gud, Jesus Kristus og Helligånden, så han er et Guds barn. Han forstår sandheden og lever i overensstemmelse med den ved hjælp af Helligånden.

Omvendt vil den, som har ånden af antikrist, benægte Jesus Kristus som Guds ord, og benægte forløsningen. Man må være forsigtig og lære sig at skelne mellem Helligånden og antikrist, for antikrist arbejder ofte mellem troende ved at misbruge Guds ord.

I alle tilfælde er det at benægte Jesus Kristus ikke anderledes end at kæmpe imod Gud, som sendte ham til denne verden. Bibelen advarer om antikrist i Andet Johannesbrev 1:7-8 på følgende måde: *"For der er gået mange bedragere ud i verden; det er dem, der ikke bekender, at Jesus er Kristus, kommet i kød. Det er bedrageren og Antikrist. Tag jer i agt, at I ikke skal miste det, vi har nået ved vort arbejde, men få den fulde løn."*

I Første Johannesbrev 2:19 er der en anden advarsel til os: *"Fra os er de udgået, men de var ikke af vore, for hvis de havde været af vore, ville de være blevet hos os; men det er sket, for at det skulle blive klart, at ingen af dem er vore."*

Der er to typer af antikrist: Den, som er besat af ånden af antikrist, og den, som lader sig narre af ånden af antikrist. De forsøger begge at narre mennesker der, hvor Helligånden er tilstede. De fanger mennesker for at gå imod Guds ord, og bedrager dem gennem deres tanker. Mennesker, hvis tanker er gennemgribende besat af ånden af antikrist, kaldes "besatte af dæmoner".

Hvis en præst havde ånden af antikrist, ville kirkens medlemmer fortsat gå mod ødelæggelsen, fordi de var blevet fanget af ånden af antikrist.

Derfor må du kende sandhedens ånd og vildledelsens ånd, sådan at du ikke bliver narret af ånden af antikrist, men lever i overensstemmelse med sandheden og lyset.

Hvordan man skelner mellem ånderne

I Første Johannesbrev 4:5-6 står der: *"De er af verden; derfor taler de ud af verden, og verden lytter til dem. Vi er af Gud, og den, der kender Gud, lytter til os, men den, der ikke er af Gud, lytter ikke til os. Derpå kender vi sandhedens ånd og vildfarelsens ånd."*

"The Webster's Revised Unabridged Dictionary" [engelsk ordbog] henviser til "vildfarelse" som "en afvigelse fra sandheden; falskhed, forkert opfattelse; forkert holdning; fejltagelse; fejlopfattelse." Vildledelsens ånd er den verdslige ånd, som bedrager dig til at tro på det usande, som om det var sandt, og det får dig til at forlade trosfeltet. Den, som er af Gud, lytter til sandhedens ord, men den, som tilhører verden, lytter til verden, ikke til sandheden. Det er derfor let at genkende dem. Det bliver åbenlyst, om de er i lyset eller i mørket, når du kender sandheden. Så kan du sige: "Denne person er i sandheden, men denne person er i mørket."

Hvis for eksempel et menneske om søndagen siger: "Lad os lave en picnic i eftermiddag. Vi tager kun til morgengudstjeneste. Er det ikke godt nok?" eller hvis han forsøger at ødelægge Guds rige ved onde numre, men stadig hævder at tro på Gud, så er det en gerning af vildledelsens ånd.

Du kan forstå mange ting, som Gud giver dig, hvis du modtager sandhedens ånd, som er fra Gud (Første Korintherbrev 2:12). Der er derfor, Helligånden tager bolig i dig - Guds dyrebare barn. Han er sandheden ånd og leder dig ind i al sandhed. Han taler ikke for sig selv. Han siger kun det, han hører,

og han vil fortælle dig, hvad der vil komme.
Derfor siger Jesus i Johannesevangeliet 14:17: *"Sandhedens ånd, som verden ikke kan tage imod, fordi den hverken ser eller kender den. I kender den, for den bliver hos jer og skal være i jer."* I Johannesevangeliet 15:26 er der en anden påmindelse om Helligånden: *"Når Talsmanden kommer, som jeg vil sende til jer fra Faderen, sandhedens ånd, som udgår fra Faderen, skal han vidne om mig."* I Første Korintherbrev 2:10 står der: *"Det har Gud åbenbaret os ved Ånden. Thi Ånden ransager alt, selv Guds dybder."* Som det står skrevet, er Helligånden den eneste, som virkelig kender og opfatter Guds sind.

Følgelig vil de, som modtager sandhedens ånd, lytte vil sande ord og adlyde dem. Jo mere Guds rige og hans retfærdighed vokser, jo mere vil de glæde sig. De er fulde af liv, og længes efter det himmelske rige.

Men nogle går i kirke uden glæde, fordi de ikke har en gudskabt tro. De hører stadig til verden, og foretrækker verdslige ting såsom penge og fornøjelser. De kan derfor ikke leve i sandheden, længes efter det himmelske rige eller elske Gud helhjertet.

I sidste ende vil disse mennesker forlade Gud ved vildfarelsens ånd, fordi de hører til verden og ikke har sandhedens ånd. Hvis nogen bagtaler eller sladrer om andre brødre og søstre i troen, eller forstyrrer andre i misundelse over deres trofasthed overfor Guds rige og hans retfærdighed, så er de ikke af sandhedens ånd.

Lad ikke nogen lede dig på afveje

Første Johannesbrev 3:7 tilskynder os til følgende: *"Kære børn, lad ingen føre jer vild. Den, der gør retfærdigheden, er retfærdig, ligesom han er retfærdig."* Man skal ikke vende sig bort fra Guds ord, for så risikerer man at blive narret af usand viden, for man kan ikke lære af andet end Guds ord. Først da vil man opnå den fulde frelse, få fremgang i denne verden, og nyde et evigt liv i det himmelske rige.

Men djævlen gør enhver anstrengelse for at afskære Guds børn fra at leve efter ordet, og får dig til at gå på kompromis med verden, vende dig bort fra Gud, tvivle på ham og sætte dig imod ham. I Første Petersbrev 5:8 står der: *"Vær årvågne og på vagt! Jeres modstander, Djævelen, går omkring som en brølende løve og leder efter nogen at sluge."* Hvordan kan den fjendtlige djævel narre Guds børn? Man kan sammenligne dette med en kvinde, der bliver fristet af en mand. Hvis en kvinde fører sig med nåde og værdighed, og opfører sig på en ordentlig måde, vil ingen mand vove at friste hende. Men hvis hendes adfærd er upassende, kan en mand let friste hende. Ligeledes vil den fjendtlige djævel nærme sig den, som ikke står godt fast i sandheden og som tvivler på Gud. Djævelen frister disse mennesker til at vende sig bort fra Gud og sætte sig imod ham, og vil i sidste ende føre dem på dødens vej. Eva blev også fristet af djævelen, idet hun blev fanget i et svagt øjeblik, hvor hun forvrængede Guds ord.

Naturligvis kan man blive udsat for prøvelser, selv om man ikke har gjort nogen fejl. Det skyldes, at Gud ønsker at velsigne

dig, på samme måde som du kan se det i Daniels prøvelse i
løvekulen og Abrahams prøvelse med at ofre sin søn som
brændeoffer.

Når du oplever prøvelser og vanskeligheder, fordi du ikke står
fast på sandheden, skal du straks vende dig bort fra dine synder
og angre, uddrive alle fristelser og prøvelser med Guds ord, og
gøre dit bedste for at stå fast som en klippe på sandheden.

Stå fast på sandheden; lad dig ikke narre

I Første Timotheusbrev 4:1-2 skriver forfatteren: *"Men
Ånden siger udtrykkeligt, at i de sidste tider skal nogle falde
fra troen, fordi de lytter til vildledende ånder og dæmonernes
lærdomme, som udbredes ved løgnagtige læreres hykleri, folk
der er brændemærket i deres samvittighed."*
Dette henviser til den sidste tid, hvor nogle mennesker, som
hævder at have tro, vil vende sig bort fra troen ved at følge
vildledende ånder og dæmonernes lærdomme. De narrede er
hykleriske selv om deres handlinger synes trofaste og retfærdige.
De beder foran andre, og forsøger at være trofaste på grund af
penge, og ikke i taknemmelighed overfor Guds nåde. Til sidst vil
de forlade deres tro og gå dødens vej, idet deres samvittighed er
brændemærket af løgn, usand levevis og verdslige fornøjelser.
Gud advarer kraftigt i Bibelen mod at lade sig narre. Jesus
advarer os i Matthæusevangeliet 7:15-16: *"Tag jer i agt for
falske profeter, der kommer til jer i fåreklæder, men indeni er
glubske ulve. På deres frugter kan I kende dem. Plukker man
druer af tjørn eller figner af tidsler?"* Et menneskes ord og

handlinger reflekterer hans tanker og vilje. Det vil sige, at du kan genkende folk på deres frugter. Hvis et menneske har onde frugter såsom had, misundelse og jalousi, i stedet for frugter af sandhed, godhed og retfærdighed, så er han en falsk profet. Mange falske profeter, antikrist, er allerede til stede i verden. Derfor må Guds børn have en grundig forståelse for kætteri, og skelne mellem sandheden ånd og vildfarelsens ånd.

Den fjendtlige djævel og Satan forfejler aldrig muligheden for at bedrage Guds børn og få dem til at synde, når som helst de vakler i sandheden. Når du står stabilt i sandheden og adlyder den, vil du ikke blive bedraget af vildledelsens ånd, men vil overvinde den med lethed selv om den nærmer sig.

Du må ikke tillade eller tilslutte dig nogen anden lære, eller blive bedraget af de lærdomme, som går sandheden imod. Adlyd i stedet Guds ord og følg Helligåndens ønsker, sådan at du kan være modig og lydefri ved vor Herre Jesu Kristi genkomst.

Jesus fortæller os at: *"Et godt menneske tager Gode ting frem af sit gode forråd, og et ondt menneske tager onde ting frem af sit onde forråd. Men jeg siger jer: På dommens dag skal mennesker aflægge regnskab for ethvert tomt ord, de har talt. På dine ord skal du frikendes, og på dine ord skal du fordømmes."* (Matthæusevangeliet 12:35-37).

Det gode menneske har et godt hjerte og kan ikke forårsage ondt mod andre mennesker, uanset om gerningen er gavnlig for ham selv. Men det onde menneske kan ikke glæde sig over sandheden. Han frembringer enhver slags ondt for at få andre til at snuble på grund af hans misundelse og jalousi. Selv om det, han siger, virker til at være rigtigt og retfærdigt, så kan man ikke sige, at han er et godt menneske, hvis han forsøger at tale ondt om andre eller skabe afstand mellem mennesker.

Du må derfor altid bede og være årvågen for ikke at blive bedraget. Du skal være i stand til at skelne mellem ånder, for at se, om de er sande eller ej, og aldrig dømme andre. Desuden skal du stå fast i din tro på Treenigheden - Faderen, Sønnen og Helligånden, tro på Bibelen, adlyde den og leve ved den.

Kom, Herre Jesus!

Forfatteren:
Dr. Jaerock Lee

Dr. Jaerock Lee blev født i Muan, Jeonnam provinsen, i den koreanske republik i 1943. Da han var i tyverne, led han af en række uhelbredelige sygdomme syv år i træk, og ventede på døden uden håb om bedring. Men en dag i foråret 1974 tog hans søster ham med i kirke, og da han knælede for at bede, helbredte den Levende Gud straks alle hans sygdomme.

Fra det øjeblik, hvor Dr. Lee mødte den Levende Gud gennem denne vidunderlige oplevelse, elskede han Gud oprigtigt af hele sit hjerte, og i 1978 blev han kaldet som Guds tjener. Han bad indtrængende om klart at forstå og opfylde Guds vilje, og adlød alle Guds bud. I 1982 grundlagde han Manmin Centralkirke i Seoul, Korea, og siden da har utallige af Guds gerninger fundet sted i denne kirke, inklusiv mirakuløse helbredelser og undere.

I 1986 blev Dr. Lee ordineret som pastor ved den årlige forsamling for Jesu Sungkyul kirke i Korea, og fire år senere i 1990 begyndte hans prædikener at blive udsendt til Australien, Rusland, Filippinerne og mange andre steder gennem det Fjernøstlige Udsendelsesselskab, Asiatisk Udsendelsesstation og Washington Kristne Radio.

Tre år senere i 1993 blev Manmin Centralkirke placeret på Top 50 for kirker over hele verden af magasinet *Christian World* i USA, og Dr. Lee modtog et æresdoktorat i guddommelighed fra Fakulteter for Kristen Tro i Florida, USA, og i 1996 en Ph.D i præsteembede fra Kingsway Teologiske Seminar, Iowa, USA.

Siden 1993 har Dr. Lee været en førende person i verdensmissionen gennem mange oversøiske kampagner i USA, Tanzania, Argentina,

Uganda, Japan, Pakistan, Kenya, Filippinerne, Honduras, Indien, Rusland, Tyskland, Peru og Congo, og i 2002 blev han kaldt en "verdensomspændende pastor" af en større kristen avis i Korea på grund af hans mange oversøiske kampagner. Siden marts 2012 har Manmin Centralkirke været en menighed med mere end 120.000 medlemmer. Der er 10000 inden- og udenrigs søsterkirker over hele kloden, og der er indtil videre udsendt mere end 129 missionærer til 23 lande, inklusiv USA, Rusland, Tyskland, Canada, Japan, Kina, Frankrig, Indien, Kenya og mange flere.

Indtil nu har Dr. Lee skrevet 64 bøger, blandt andet bestsellerne *En En Smagsprøve på det Evige Liv før Døden; Mit Liv, Min Tro I & II; Budskabet fra Korset; Målet af Tro; Himlen I & II; Helvede; Vågn op, Israel* og *Guds Kraft* og hans værker er blevet oversat til mere end 73 sprog.

Hans kristne artikler er udsendt i *Hankook Ilbo, JoongAng Daily, Dong-A Ilbo, Chosun Ilbo, Munhwa Ilbo, Seoul Shinmun, Kyunghyang Shinmun, Hankyoreh Shinmun, The Korea Economic Daily, The Korea Herald, Shisa News* og *The Christian Press.*

Dr. Lee er for øjeblikket leder af mange missionsorganisationer og foreninger, blandt andet bestyrelsesformand for Jesus Kristus Forenede Hellighedskirke, Præsident for Manmin verdensmission, Grundlægger og bestyrelsesformand for det Globale Kristne Netværk (GCN), Grundlægger og Bestyrelsesformand for Verdensnetværket af Kristne Læger (WCDN) og Grundlægger og Bestyrelsesformand for Manmin Internationale Seminar (MIS).

Himlen I & II

En detaljeret skitse af det prægtige liv som de himmelske borgere vil nyde, og en beskrivelse af forskellige niveauer af himmelske riger.

Budskabet fra Korset

En stærk vækkelsesbesked til alle menneske, som sover i spirituel forstand. I denne bog vil vi se årsagen til, at Jesus er den eneste Frelser, og fornemme Guds sande kærlighed.

Helvede

En indtrængende besked til hele menneskeheden fra Gud, som ikke ønsker at en eneste sjæl skal falde i helvedes dyb! Du vil opdage en redegørelse, som aldrig før er blevet offentliggjort, over de barske realiteter i Hades og helvede.

Mit Liv, Min Tro I & II

En velduftende spirituel aroma, som er et ekstrakt af den uforlignelige kærlighed til Gud, som blomstrede op midt i mørke bølger, under det tungeste åg og i den dybeste fortvivlelse.

En Smagsprøve på det Evige Liv før Døden

Erindringsbaseret vidnesbyrd af pastor Jaerock Lee, som er blevet genfødt og frelst fra dødens dal, og har levet et eksemplarisk kristent liv.

Målet af Tro

Hvilken slags himmelsk bolig og hvilken slags krans og belønninger er blevet gjort klar i himlen? Denne bog giver visdom og vejledning til at måle sin tro, og kultivere den bedste og mest modne tro.

Guds Kraft

En essentiel vejledning, hvorved man kan opnå sand tro og opleve Guds forunderlige kraft. En bog, som må læses.

Vågn op, Israel

Hvorfor har Gud holdt øje med Israel fra verdens begyndelse indtil nu? Hvad er hans forsyn for de sidste dage for Israel, som venter på Messias?

www.urimbooks.com